汽车构造维修系列丛书

新型发动机维修简明教学图解

李　伟　刘　强　编著

电子工业出版社·

Publishing House of Electronics Industry

北京·BEIJING

内 容 简 介

本书以一个个问题的形式详细讲解新型发动机的构造,所选图片以透视图、剖视图及原理示意图等为主,可以让读者清晰地看到汽车元件的内部构造,了解汽车各个部件运作的原理及检修、诊断。

本书从实际出发,将发动机相关的新技术重新进行了整合,具有较强的针对性和实操性。书中应用了上百幅发动机的精美图片及维修图片。

本书语言简洁,通俗易懂,图片信息量丰富,并有许多相关知识,非常适合广大汽车爱好者及相关汽车行业人员和学员使用。

图书在版编目(CIP)数据

新型发动机维修简明教学图解 / 李伟,刘强编著. —北京:电子工业出版社,2017.6
(汽车构造维修系列丛书)
ISBN 978-7-121-31680-7

Ⅰ. ①新… Ⅱ. ①李… ②刘… Ⅲ. ①汽车－发动机－车辆修理－图解 Ⅳ. ①U472.43-64

中国版本图书馆 CIP 数据核字(2017)第 120594 号

策划编辑:李 洁
责任编辑:刘真平
印　　刷:三河市华成印务有限公司
装　　订:三河市华成印务有限公司
出版发行:电子工业出版社
　　　　　北京市海淀区万寿路 173 信箱　邮编　100036
开　　本:787×1 092　1/16　印张:14.75　字数:377.6 千字
版　　次:2017 年 6 月第 1 版
印　　次:2017 年 6 月第 1 次印刷
定　　价:45.00 元

前　言

随着对汽车知识的了解，我们发现对现在的汽车反而是越来越看不懂了，新技术、新配置、新名词、新设计让人眼花缭乱。如果只认识一些车标和车名，早已不能称为汽车爱好者了。随着汽车技术的进步，汽车爱好者们也需要不断学习和更新知识，对汽车应有更深层次的认识和了解。对于购车者、车主和驾车人来说，也必须掌握一定的汽车知识，了解汽车的基本机械构造，了解发动机构造及力与驾驶和使用的关系，只有这样，您才能轻松应对每天行车中遇到的各种问题，并不断提高对汽车发动机的了解。

汽车更新换代技术很快，为了使维修人员及学员能够掌握基本结构及工作原理，本书将汽车发动机内容进行了重新整合，把最新的发动机结构、工作原理、故障诊断、检修等渗透到其中。

本书文字简练，通俗易懂，不仅适合高职院校学生作为教材，还适合汽车学员及汽车爱好者参考阅读。本书第1～2章由李伟编写，第3～8章由吉林工程技术师范学院刘强高级讲师编写。其他参加本书编写的人员有李校航、李校研、于洪燕、李春山、于洪岩、李微、于忠贵、江春玲、马针等，在此深表感谢。

由于经验不足，书中的错误和不完善之处在所难免，恳请广大读者批评指正。

编著者

目　录

第 1 章

发动机基本工作原理及术语

001 发动机定义

　　发动机是将其他形式的能量转变为机械能的一种机械装置。现代发动机的设计和制造技术使它可以满足大众对汽车性能和环境保护的要求，是汽车的"心脏"。

　　发动机是一台由多种机构和系统组成的复杂机器。现代汽车发动机的结构形式很多，发动机的具体构造也多种多样，但由于其基本工作原理一致，从总体功能来看，其基本结构大同小异，都是由二大机构和五大系统组成的，即曲柄连杆机构、配气机构，供给系统、冷却系统、润滑系统、启动系统和点火系统（柴油机没有），新型直喷发动机的外观如图 1 所示。

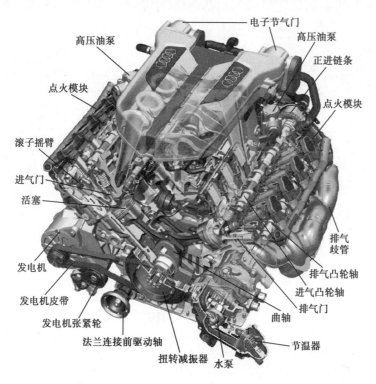

图 1　奥迪 R8 4.2L V8 FSI 发动机

002 发动机基本术语

（1）上止点（TDC）。上止点是指活塞顶距离曲轴旋转中心最远的位置，即活塞的最高位置，如图 2 所示。

（2）下止点（BDC）。下止点是指活塞顶距离曲轴旋转中心最近的距离，即活塞的最低位置，如图 3 所示。

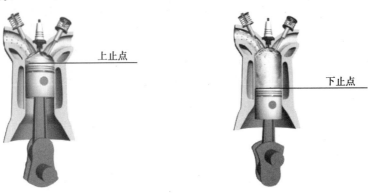

图 2　上止点　　　　　　　　　　图 3　下止点

（3）活塞行程 S。活塞行程是指上、下止点间的距离。曲轴的回转半径 R 称为曲柄半径（即由曲轴旋转中心到曲柄销中心的距离），如图 4 所示。显然，曲轴每回转一周，活塞移动两个活塞行程。对于汽缸中心线通过曲轴回转中心的内燃机，用 S 表示活塞行程，单位：mm（毫米）。活塞由一个止点运动到另一个止点一次的过程，称为一个行程，$S=2R$，即曲轴每转一周，活塞完成两个行程，如图 5 所示。

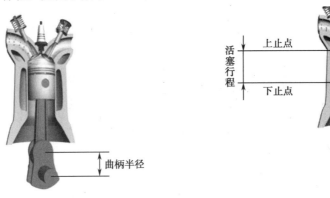

图 4　曲柄半径　　　　　　　　　图 5　活塞行程

（4）汽缸工作容积 V_s。汽缸工作容积是指上、下止点间所包容的汽缸容积，如图 6 所示，用 V_s 表示，单位为 L（升）。即有

$$V_s=\frac{\pi}{4}D^2\times S\times10^{-6}$$

式中，D 为汽缸直径（mm）；S 为活塞行程（mm）。

（5）燃烧室容积 V_c。活塞在汽缸内做往复直线运动，当活塞位于上止点时，活塞顶上面以上、汽缸盖底面以下所形成的空间称为燃烧室容积，如图 7 所示，用 V_c 表示。

图 6　汽缸工作容积

图 7　燃烧室容积

（6）汽缸总容积 V_a。汽缸工作容积与燃烧室容积之和为汽缸总容积，如图 8 所示，用 V_a 表示，即有：$V_a=V_c+V_s$。

（7）压缩比 ε。压缩比是指汽缸总容积与燃烧室容积之比，用 ε 表示，如图 9 所示。

压缩比用来衡量空气或可燃混合气被压缩的程度，它直接影响发动机的热效率。一般汽油机压缩比为 7～10（有的轿车可达 9～11），柴油发动机压缩比较高，为 16～22。压缩比越大，压缩终了时汽缸内的气体压力和温度就越高。

$$\varepsilon = \frac{V_a}{V_c} = \frac{V_s + V_c}{V_c} = 1 + \frac{V_s}{V_c}$$

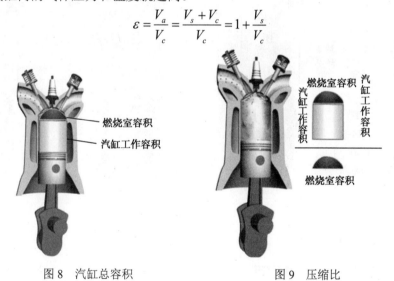

图 8　汽缸总容积

图 9　压缩比

003　汽油发动机工作原理

（1）进气行程。活塞在曲轴的带动下由上止点移至下止点。此时排气门关闭，进气门开启。在活塞移动过程中，汽缸容积逐渐增大，汽缸内形成一定的真空度。空气和汽油的混合物通过进气门被吸入汽缸，并在汽缸内进一步混合形成可燃混合气。

（2）压缩行程。进气行程结束后，曲轴继续带动活塞由下止点移至上止点。这时进、排气门均关闭。随着活塞的移动，汽缸容积不断减小，汽缸内的混合气被压缩，其压力和温度同时升高，压缩终了时，汽缸内气体压力为 0.8～1.5MPa，温度为 600～700K（K 为热力学温度单位，$t/℃=T/K-273$）。

（3）做功行程。压缩结束时，安装在汽缸盖上的火花塞产生火花，将汽缸内的可燃混合气点燃，火焰迅速传遍整个燃烧室，同时放出大量的热能。燃烧气体的体积急剧膨胀，压力和温度迅速升高。在气体压力的作用下，活塞由上止点移至下止点，并通过连杆推动曲轴转动。这时，进、排气门仍旧关闭。

在做功行程中，燃烧气体的最大压力可达 3～6.5MPa，最高温度可达 2200～2800K，随着活塞下止点移动，汽缸容积不断增大，气体温度和压力逐渐降低。做功结束时，压力为 0.35～0.5MPa，温度为 1200～1500K。

（4）排气行程。排气行程开始，排气门开启，进气门仍然关闭，曲轴通过连杆带动活塞由下止点移至上止点，此时膨胀过后的燃烧气体或废气在其自身剩余压力和活塞的推动下，经排气门排出汽缸之外。当活塞到达上止点时，排气门行程结束，排气门关闭。

排气行程终了时，在燃烧室内残留少量废气，称为残余废气。因为排气系统有阻力，所以残余废气的压力比大气压力略高，为 0.105～0.12MPa，温度为 900～1100K，工作原理如图 10 所示。

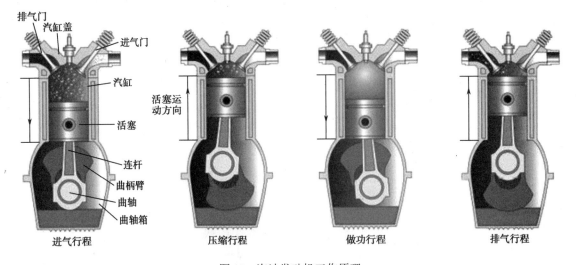

图 10　汽油发动机工作原理

004 柴油发动机工作原理

四冲程柴油机和四冲程汽油机一样，每个工作循环也是由进气、压缩、做功和排气四个行程组成的。由于柴油机所使用燃料的性质不同，在可燃混合气的形成和着火方式上与汽油机有很大区别，如图 11 所示。

（1）进气行程。进气行程不同于汽油机的是进入汽缸的不是可燃混合气，而是纯空气。由于进气阻力比汽油机小，上一行程残留的废气温度也比汽油机低，进气行程终了的压力为 0.085～0.095MPa，温度为 320～350K。

（2）压缩行程。压缩行程不同于汽油机的是压缩纯空气，由于柴油机的压缩比大，压缩终了的温度和压力都比汽油机高，压力可达 3～5MPa，温度可达 800～1000K。

（3）做功行程。此行程与汽油机有很大差异，压缩行程末，喷油泵将高压柴油经喷油器呈雾状喷入汽缸内的高温高压空气中，被迅速汽化并与空气形成混合气，由于此时汽缸内的空气温度远高于柴油的自燃温度（500K 左右），柴油混合气便立即自行着火燃烧，且此后一段时间内边喷油边燃烧，汽缸内的压力和温度急剧升高，推动活塞下行做功。做功行程中，瞬时压力可达 6～10MPa，瞬时温度可达 1800～2200K。做功行程终了时压力为 0.2～0.4MPa，温度为 1200～1500K。

（4）排气行程。此行程与汽油机基本相同。排气行程终了时的汽缸压力为 0.105～0.125MPa，温度为 800～1000K。

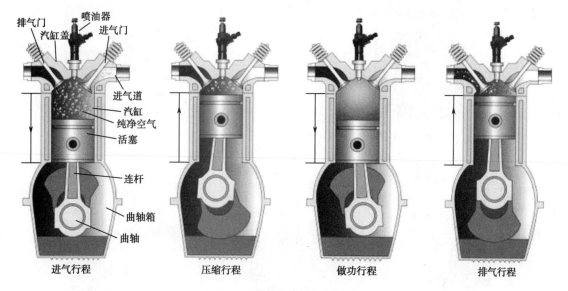

图 11　柴油发动机工作原理

005　TSI 直喷发动机工作原理

（1）进气过程。在均质混合气模式，节气门的开度是按加速踏板位置传感器的信号来控制的。进气歧管翻转阀是根据发动机的负载和转速来控制的，可打开、关闭、部分关闭进气歧管的下进气道，如图 12 所示。

（2）喷油过程。喷油时刻即在点火上止点前 300℃A 时喷入燃油，如图 13 所示，但此模式的过量空气系数为 $\lambda \approx 1.55$。

（3）混合气形成。均质模式混合气形成有足够的时间，且混合均匀，易形成较稀的均质混合气，如图 14 所示。

（4）点燃做功过程。对于均质混合气模式，点火时刻也有较大的范围，根据发动机的负荷、转速以及其他传感器信号来进行精确控制，如图 15 所示。

（5）排气过程。活塞由下向上移动，进气门关闭，排气门打开，汽缸中燃烧的废气由活塞向上移动时经排气门排至大气中，如图 16 所示。

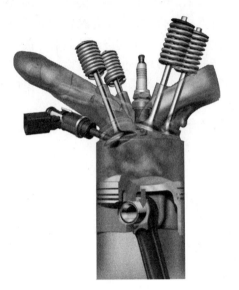

图 12　进气过程

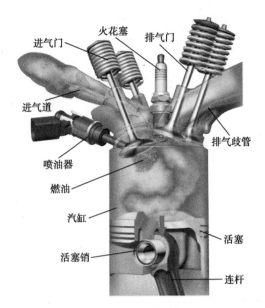

图 13　喷油过程

火花塞　排气门
进气门
进气道
排气歧管
喷油器
燃油
汽缸
活塞
活塞销
连杆

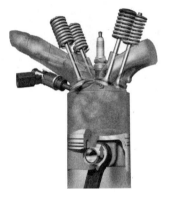

图 14　混合气形成

图 15　点燃做功过程

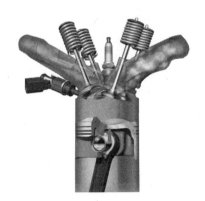

图 16　排气过程

006　转子发动机工作原理

转子发动机的输出轴有一些离心式圆形凸轴，也就是说，它们偏离了轴的中心线，如图 17 所示。一个转子与一个凸轴相合。这个凸轴的作用类似于活塞式发动机中的曲轴。当转子沿其路径在壳体内转动时，会推动这些凸轴。由于凸轴是以离心方式安装在输出轴上的，因此转子施加给凸轴的力在输出轴中产生力矩，从而使输出轴旋转。

转子发动机的工作循环与往复活塞式发动机相同，即由进气、压缩、做功、排气四个行程组成。

转子发动机四行程工作原理如图 18、图 19 所示。图中以三角转子的一个弧面 AB 与汽缸型面之间形成的工作腔（AB 工作腔）为例，说明转子发动机的四行程工作原理。

当三角转子的角顶 B 转到进气孔左边的边缘时，AB 工作腔开始进气。在此位置时进、排气孔连通，即进、排气重叠。这时 AB 工作腔的容积逐渐增大，可燃混合气不断被吸入汽缸。当转子自转 90°（主轴转角 270°）到达图中所示位置时，AB 工作腔的容积达到最大，相当于往复活塞式发动机的下止点位置，进气行程结束。

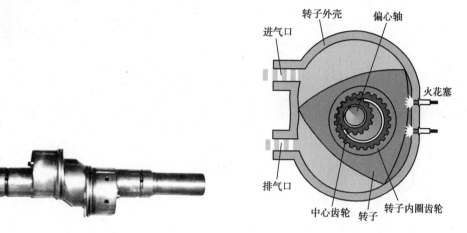

图 17　输出轴　　　　　　　　　　图 18　转子发动机工作简图

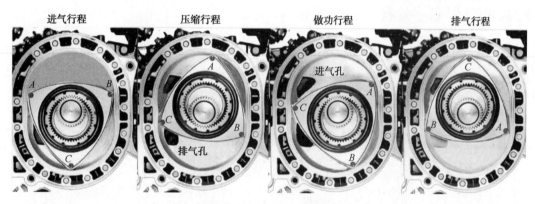

图 19　转子发动机工作原理

　　三角转子继续转动，*AB* 工作腔的容积逐渐减小，此时转子的角顶 *A* 越过进气孔右边的边缘，这时 *AB* 工作腔完全封闭，开始压缩行程。当转子自转 180°（主轴转 540°）到达此位置时，*AB* 工作腔的容积最小，相当于往复活塞发动机的上止点位置，压缩行程结束。这时火花塞跳火点燃混合气，开始膨胀做功行程。当转子自转 270°（主轴转 810°）到达此位置时，*AB* 工作腔的容积又达到最大，相当于往复式发动机的下止点位置，做功行程结束。三角转子的角顶 *B* 转过排气孔边缘时，*AB* 工作腔即开始排气。转子自转 360°（主轴转三周）时，*AB* 工作腔又回到进气时位置，排气行程结束。实际上，排气要延至顶角 *A* 转过排气孔之后。至此，*AB* 工作腔完成了一个工作循环。说明：转子转一周，主轴转三周，三角转子与汽缸之间分三个工作腔各完成一个四行程工作循环。每一个行程所对应的主轴转角为 270°。

第2章

曲柄连杆机构

007 宝马气门室盖

宝马气门室盖的结构如图20所示。泄漏气体通过汽缸进气侧区域的开口到达三个簧片分离器处。附着在泄漏气体上的机油通过簧片分离器分离并沿器壁向下通过单向阀流回汽缸盖内。分离出机油后的净化泄漏气体此时根据运行状态进入进气系统内。

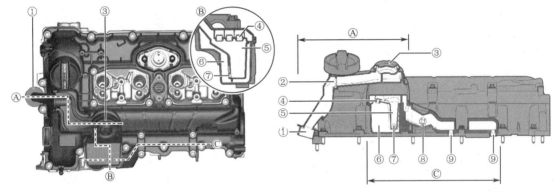

A、B、C—剖面图；1—连接废气涡轮增压器前的洁净空气管；2、7、8—单向阀；3—调压阀；4—簧片分离器；
5—机油分离器；6—集气室；9—连接汽缸盖内进气通道的泄漏通道

图20　宝马气门室盖

功能：只有在进气集气管内通过真空压力使单向阀处于开启状态，即处于自吸式发动机运行模式时才能使用标准功能。

在自吸式发动机运行模式下，进气集气管内的真空压力使汽缸盖罩泄漏通道内的单向阀打开并通过调压阀抽吸泄漏气体。同时，真空压力使增压空气进气管路通道内的第二个单向阀关闭。

泄漏气体通过集成在汽缸盖罩内的分配管直接进入汽缸盖内的进气通道中。与废气涡轮增压器前的洁净空气管以及曲轴箱相连的清洁空气管路通过单向阀直接将新鲜空气输送至曲轴空间内。曲轴空间内的真空压力越大，进入曲轴箱内的空气量就越大。通过这种清污方式可防止调压阀结冰。

008 大众奥迪气门室盖

　　新款桑塔纳、新款捷达 EA211 和高尔夫 A7 发动机都采用整体式缸盖，使凸轮轴和气门室罩盖集成为一体，如图 21 所示。EA211 的凸轮轴不能从缸盖罩壳中拆出来，凸轮轴前端轴承改为滚珠轴承，减小摩擦，降低油耗。

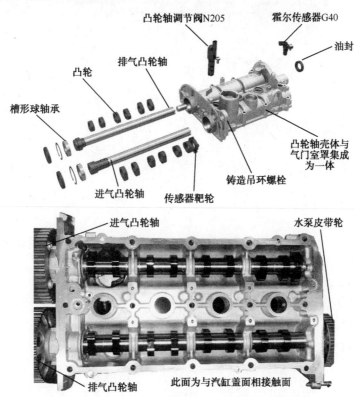

图 21　新款捷达气门室盖

　　全新奥迪 A3 也采用整体式气门室罩盖。其深沟球轴承起止推作用，前端支撑由滑动摩擦变为滚动摩擦，减小轴径尺寸，增加支撑点，提高凸轮轴刚度。气门室罩盖（凸轮轴壳体）和凸轮轴要一起更换，深沟球轴承能拆卸但不能单独更换，如图 22 所示。

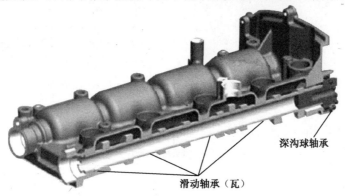

图 22　奥迪 A3 气门室罩盖结构

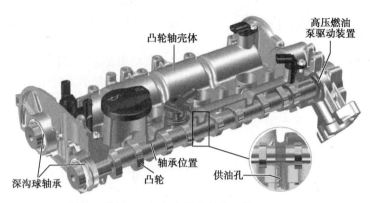

图 22 奥迪 A3 气门室罩盖结构（续）

拆卸和安装一体式气门室盖的操作如下：

1）拆卸

（1）排放冷却液。

（2）拆卸空气滤清器。

（3）拆卸点火线圈。

（4）断开以下电气插头：1（用于霍尔传感器 G40）、3（用于凸轮轴调节阀 N205）；拧出接地线固定螺栓 2，如图 23 所示。

（5）松开线束固定卡（箭头所指处），并将线束置于一旁。

（6）拔出机油尺。

（7）松开软管卡箍（箭头所指处），拔下冷却液软管。

（8）拧下螺栓 1 和 2，将冷却液管路 3 置于一旁，如图 24 所示。

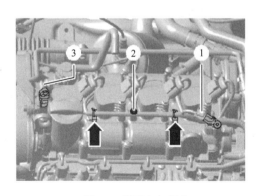

图 23 断开电气插头

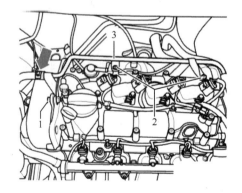

图 24 拧下螺栓

（9）拆卸冷却液泵。

（10）从凸轮轴上脱开正时齿形皮带。

（11）按照顺序 15→1 松开并拧出凸轮轴箱的螺栓，如图 25 所示。

（12）取下凸轮轴箱。

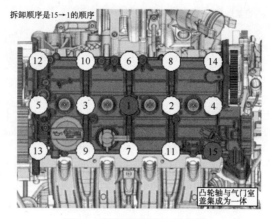

图 25　拆卸整体式气门室盖

2）安装

提示：更换需要继续旋转特定角度的螺栓，更换密封件以及带机油滤网的密封件。

（1）调整配气相位。

（2）检查是否所有的滚子摇臂都正确安装在气门杆末端上，并卡入各自的补偿元件上。

（3）在汽缸盖 1 上放入机油滤网 2，如图 26 所示。注：带可变配气机构的才有机油滤网。

（4）把密封垫安装在定位销上（箭头所指处）。

（5）将 M6×80 的无头螺栓 2 和 4 拧入汽缸盖 1，如图 27 所示。

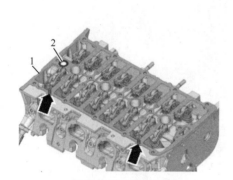

图 26　放入机油滤网

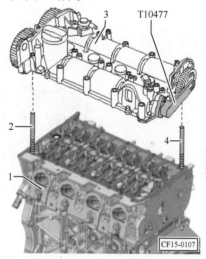

图 27　将无头螺栓 2 和 4 拧入汽缸盖

（6）小心地垂直将凸轮轴箱 3 从上方沿无头螺栓 2 和 4 导入，直至将其与汽缸盖 1 表面紧密贴合在一起。

提示：注意，凸轮轴箱不得倾斜。

（7）拧紧凸轮轴箱螺栓，按照 1→15 的顺序分步拧紧螺栓，如图 28 所示。注：先分别拧紧，力矩为 10N·m，然后再分别继续旋转角度 180°。

（8）后续安装工作以倒序进行，同时请注意下列事项：安装正时齿形皮带（调整配气相位）。

（9）安装点火线圈、冷却液泵、电气接口和布线。

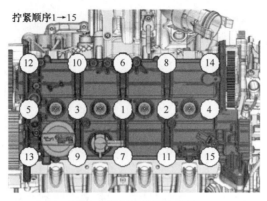

拧紧顺序1→15

图 28　气门室盖拧紧顺序

009　新型整体式汽缸盖结构

　　大众新型缸盖集成了排气歧管，取消了铸铁排气歧管，减轻了重量，并沿用 EA111 发动机的四气门技术，滚珠摇臂式气门运动机构带液压挺杆。

　　排气歧管集成在缸盖上，可减小尺寸，减轻重量，缩短起燃时间从而利于排放优化。横流式汽缸盖可使冷却液从进气侧通过燃烧室流入排气侧。排气侧分成两个区域，一个在排气歧管上面，一个在排气歧管下面。冷却水进水口布置在缸盖上，燃烧室冷却充分，减小爆震风险，如图 29 所示。

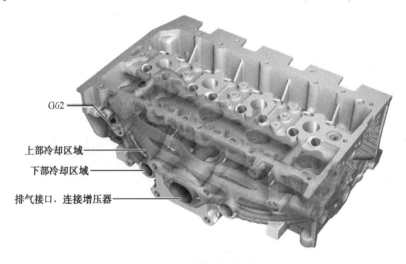

G62

上部冷却区域

下部冷却区域

排气接口，连接增压器

图 29　整体式汽缸盖

　　（1）通过排出的气体使冷却液加热更快，预热发动机，使发动机可更快地达到其工作温度。这可降低耗油量，并且能更迅速地对车厢内进行加热。

　　（2）由于排气侧壁表面扩展至催化转换器的面积减小，因此排气在预热阶段不能释放出足够的热量，催化转换器可更快速地升温至其工作温度，同时使冷却液仍然具有足够的冷却效果。

　　（3）若系统在全负载状态进行工作，冷却液温度将继续降低，从而扩大了发动机在氧传感器空气系数$\lambda=1$ 时的工作温度范围，降低了耗油量和排气量。

010　大众直喷发动机汽缸盖的拆装

1）拆卸

（1）拆下发动机罩，在紧固点（箭头所指处）将发动机罩向上拔出，如图 30 所示。

（2）拆除与缸盖相连接的水管、油管及相关附属件。

（3）拔下凸轮轴调节阀 1-N205 的插头 1，如图 31 所示。

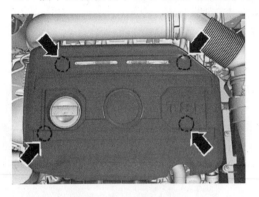
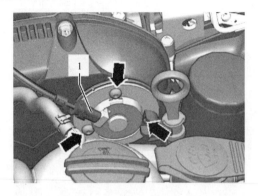

图 30　拆下发动机罩　　　　　　　　　　图 31　拔下凸轮轴调节阀

（4）拆卸正时链上盖板。

（5）用装配工具 T10352（发动机型号代码为 CCZA、CCZB、CDAA、CDAB：装配工具 T10352/1）沿箭头方向拆卸控制阀，如图 32 所示。

（6）拧出螺栓（箭头所指处）并拆下轴承桥，如图 33 所示。

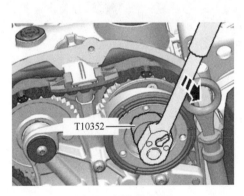
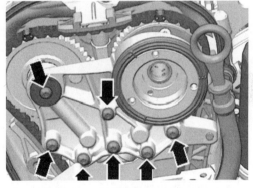

图 32　拆卸控制阀　　　　　　　　　　图 33　拧出螺栓并拆下轴承桥

（7）用固定支架 T10355 将减振器转到"上止点"位置（箭头所指处），如图 34 所示。减振器上的切口必须与正时链下盖板上的箭头标记相对。凸轮轴的标记 1 必须指向上方。

（8）用防水笔标记凸轮轴正时链和汽缸盖（箭头所指处）在链轮 1 上的标记。

（9）此外，还要用防水笔标记凸轮轴正时链相对凸轮轴正时链滑轨 2 的位置，如图 35 所示。

（10）拆除密封塞（箭头所指处），如图 36 所示。

 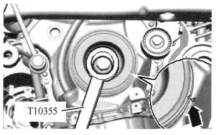

图 34 将减振器转到"上止点"位置

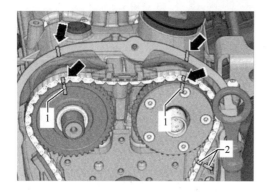 

图 35 用防水笔标记凸轮轴正时   图 36 拆除密封塞

（11）拧出螺栓（箭头所指处），如图 37、图 38 所示。

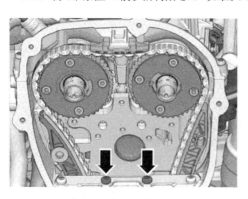 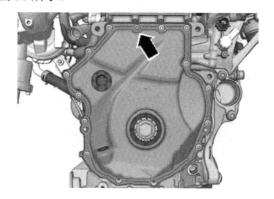

图 37 拧出螺栓   图 38 拧出螺栓

（12）拧入装配杆 T40243，如图 39 所示。

（13）挤压链条张紧器的卡环，将装配杆 T40243 缓慢地沿箭头方向按压并固定。

（14）用定位工具 T40011 固定链条张紧器，如图 40 所示。

（15）拆下装配杆 T40243。

（16）将凸轮轴固定件 T40271/2 拧到汽缸盖上，并沿箭头方向 2 推入链轮花键中，必要时用扳手将进气凸轮轴沿箭头方向 1 旋转，如图 41 所示。

（17）将凸轮轴固定件 T40271/1 拧到汽缸盖上。用开口扳手沿着顺时针方向箭头固定凸轮轴。

（18）拧出螺栓 A 并向下推张紧轨，如图 42 所示。继续固定凸轮轴。

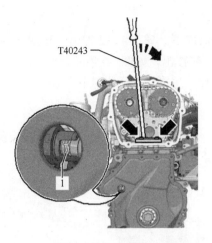

图 39　拧入装配杆

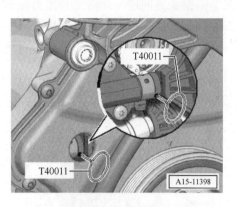

图 40　固定链条张紧器

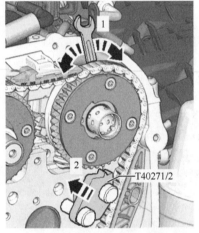

图 41　将固定件拧到汽缸盖上

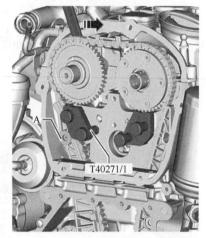

图 42　拧出螺栓

（19）沿着顺时针方向继续旋转排气凸轮轴 1，直至可将凸轮轴固定件 T40271/1 推入链轮花键中，如图 43 所示。

（20）拆卸上部滑轨 1 的方法是：用螺丝刀解锁卡止件，接着向前压出滑轨。标记链轮箭头至凸轮轴固定件的位置，如图 44 所示。

图 43　将凸轮轴固定件推入链轮花键中

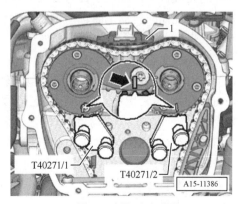

图 44　拆卸上部滑轨

（21）将凸轮轴正时链从链轮上取下。

（22）沿箭头方向逆时针将密封盖旋转90°，然后取下。球头1、2拧出，如图45所示。

（23）拧出螺栓。将汽缸罩盖螺栓按照1→5的顺序拧出，如图46所示。注：装配时按由中间向两边的顺序（用8N·m的拧紧力矩预拧紧螺栓，用刚性扳手继续转动螺栓90°）。

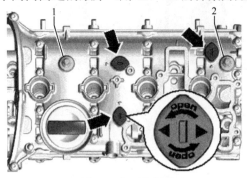
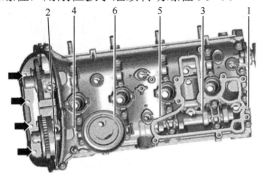

图45 取下密封盖　　　　　　　图46 拧出螺栓

（24）将汽缸盖螺栓用专用工具T10070按照1→10的顺序拧出，如图47所示。注：T10070为专用工具。

（25）取出汽缸盖。汽缸盖放置在一个软垫层上（泡沫塑料）。

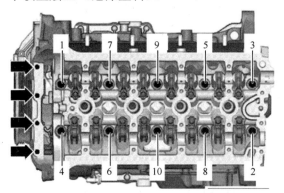

图47 拆卸汽缸盖

2）安装

（1）装上汽缸盖衬垫。注意汽缸体内的定心销（箭头所指处），如图48所示。同时注意汽缸盖密封件的安装位置，标记零件号必须能从进气侧看到。

（2）如果在此期间转动了曲轴，汽缸的曲轴置于上止点，并将曲轴再次略微往回转。

（3）装上汽缸盖。装入汽缸盖螺栓，并用手拧紧。

（4）汽缸盖的拧紧顺序如图49所示：①按照顺序1→10拧紧汽缸盖螺栓；②用扭矩扳手以40N·m的力矩预紧；③用刚性扳手将螺栓继续转动90°；④用刚性扳手将螺栓再继续转动90°；⑤用8N·m的力矩预紧螺栓（箭头所指处）；⑥用刚性扳手将螺栓（箭头所指处）再转动90°。

（5）用固定支架T10355将减振器转到"上止点"位置（箭头所指处），如图50所示。减振器上的切口必须与正时链下盖板上的箭头标记相对。

（6）链环标记（箭头所指处）置于链轮1上，以便安装凸轮轴正时链，如图51所示。

（7）安装上滑轨2。

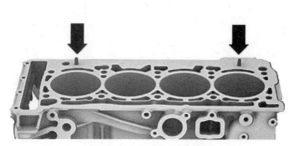

图 48　装上汽缸盖衬垫

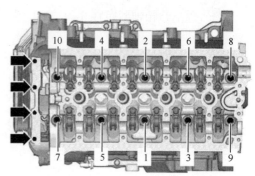

图 49　汽缸盖拧紧顺序

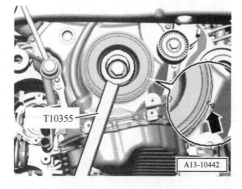

图 50　将减振器转到上止点

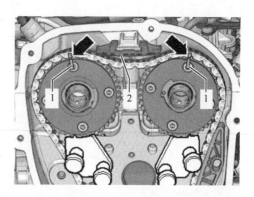

图 51　链环标记置于链轮上

（8）沿箭头方向 1 缓慢地旋转排气凸轮轴，直至可将凸轮轴固定件 T40271/1 从链轮花键中拉出，如图 52 所示。

（9）小心地松开凸轮轴，直至凸轮轴正时链紧贴到滑轨上。将凸轮轴固定在该位置。

（10）继续固定凸轮轴，安装凸轮轴正时链的张紧导轨，拧紧螺栓 A，如图 53 所示。

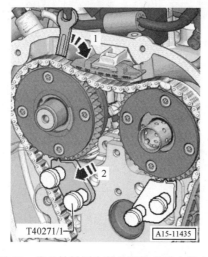

图 52　将凸轮轴固定件从链轮花键中拉出

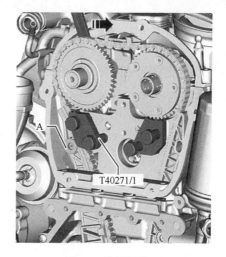

图 53　拧紧螺栓 A

（11）拆下凸轮轴固定件 T40271/1。

（12）将凸轮轴固定件 T40271/2 从链轮花键推出，必要时略微旋转进气凸轮轴 1。

（13）拆下凸轮轴固定件 T40271/2，如图 54 所示。

图 54 拆下凸轮轴固定件

（14）检查标记，凸轮轴正时链和汽缸盖箭头必须与链轮标记 1 对齐。

（15）凸轮轴正时链标记和凸轮轴正时链导轨 2 必须相对。减振器切口必须与正时链下部盖板上的标记 3 相对，如图 55 所示。

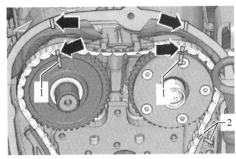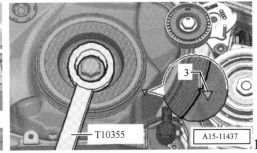

图 55 正时链标记对正

（16）均匀地插上轴承桥，不要歪斜！用手拧入螺栓（箭头所指处），如图 56 所示。

（17）由于规格的不同，去除链条张紧器定位销 T40011。

（18）后续安装以倒序进行，同时要注意：①更换发动机机油；②更换冷却液。

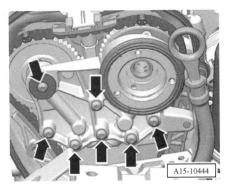

图 56 用手拧入螺栓

011　汽缸体和汽缸盖变形检修

汽缸体和汽缸盖在使用中的变形是普遍存在的。造成变形的原因包括拆装螺栓时力矩过大或不均匀，或不按顺序拧紧，以及在高温下拆卸汽缸盖等。

缸体变形主要表现为上平面、端面的翘曲变形和配合表面的相对位置误差增加；缸盖变形主要表现为下平面和进、排气歧管侧平面的翘曲变形。

汽缸体和汽缸盖翘曲变形的检修。汽缸体、汽缸盖的翘曲变形可用平板做接触检测，或者用直尺和塞尺检测。用刀形尺和塞尺检测汽缸盖平面翘曲的方法为在汽缸体或汽缸盖上平面的纵向、横向和对角线方向进行测量，求得其平面度误差，如图 57 所示。汽缸体上平面在全长上的最大允许误差为 0.05mm。

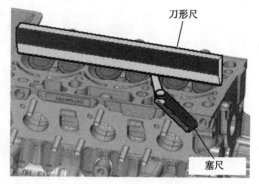

图 57　汽缸盖变形检修

012　发动机缸体

汽缸体是发动机各个机构和系统的装配基体，并由它来保持发动机各运动件相互之间的准确位置关系。水冷式发动机通常将汽缸体与上曲轴箱铸成一体，简称汽缸体。汽缸体上半部有若干个为活塞在其中运动导向的圆柱形空腔，称为汽缸。下半部为支承曲轴的上曲轴箱，其内腔为曲轴运动的空间。在上曲轴箱上制有主轴承座孔，有的发动机还制有凸轮轴轴承座孔。为了这些轴承的润滑，在侧壁上铁面铸有主油道，前后壁和中间隔板上铸有分油道。汽缸体的上、下平面用以安装汽缸盖和下曲轴箱，是汽缸修理的加工基准。

新型发动机缸体采用压铸铝合金 AlSi9Cu3 制成，在带有铝合金曲轴箱的四缸发动机上使用。使用的涂层工艺电弧丝喷涂 LDS 可优化汽缸工作表面特性。

冷却水套同样经过了优化，环岸孔可改善环岸区域的冷却效果并根据涡轮增压发动机要求进行调整。缸体结构如图 58、图 59 所示。

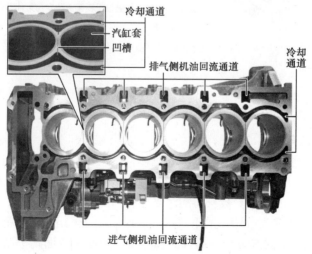

图 58　宝马缸体内冷却水套和冷却通道

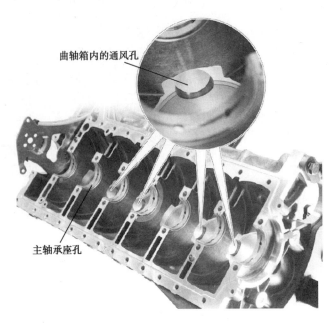

曲轴箱内的通风孔

主轴承座孔

图 58　宝马缸体内冷却水套和冷却通道（续）

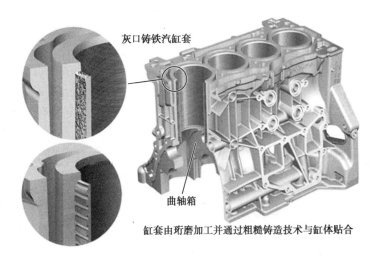

灰口铸铁汽缸套

曲轴箱

缸套由珩磨加工并通过粗糙铸造技术与缸体贴合

图 59　新款捷达铝缸体铸铁缸套

013　汽缸套

　　汽缸套结构形式也有三种，即无汽缸套式、干式汽缸套和湿式汽缸套，如图 60 所示。

　　（1）无汽缸套式。即不镶嵌任何汽缸套的机体，在机体上直接加工出汽缸。其优点是可以缩短汽缸中心距，从而使机体的尺寸和重量减小。另外，机体的刚度大，工艺性好。

　　（2）干式汽缸套。指的是在一般灰铸的汽缸座孔内压入或装入干式汽缸套。干式汽缸套不与冷却液接触。用合金铸铁离心铸造的干式汽缸套厚度为 2～3mm，而精密拉伸的钢制汽缸套厚度仅为 1.0～1.5mm。干式汽缸套外圆表面和汽缸套座孔内表面均须精加工，以保证必要的形位精度和便于拆装。汽缸套与座孔的配合现在多采用动配合，其间隙为 0.017～0.037mm。

镶嵌干式汽缸套的优点是机体刚度大、汽缸中心距小、质量轻和加工工艺简单；缺点是传热较差，温度分布不均匀，容易发生局部变形。

（a）湿式汽缸套   （b）干式汽缸套   （c）无汽缸套式

图 60　汽缸套

（3）湿式汽缸套。其汽缸套外壁与冷却液直接接触。用合金铸铁制造的湿式汽缸套的壁厚一般为 5～8mm，轴向定位一般是靠汽缸套上部凸缘与机体顶部相应的支承面。湿式汽缸套下部用 1～3 道耐油的橡胶密封圈进行密封，防止冷却液泄漏。汽缸套顶要高出机体顶面 0.05～0.15mm。这样拧紧汽缸盖螺栓时，大部分压紧力作用在汽缸套凸缘上，使其与汽缸盖衬垫和机体支承面贴合得非常紧密，起到防止汽缸漏气和水套漏水的作用。湿式汽缸套的特点是机体上没有封闭的水套，容易铸造，传热性好，温度分布比较均匀，修理方便，不必将发动机从汽车上拆下来就可以更换汽缸盖；缺点是机体刚度差，容易漏水。湿式汽缸套广泛应用于柴油机上。

水冷式汽缸周围和汽缸盖中均有用以充冷却液的空腔，称为水套。汽缸体和汽缸盖上的水套是相互连通的，利用水套中的冷却液流过高温零件的周围而将热量带走。

014　汽缸磨损的检测

汽缸的圆度误差：在同一断面上不同方向测量到的最大与最小直径差值的一半，即为该断面的圆度误差。把在所有测量断面上测量到的最大的圆度误差作为汽缸的圆度误差。

汽缸的圆柱度误差：在所有测量的汽缸表面任意方向所测得读数中最大与最小直径差值的一半即为汽缸的圆柱度误差，注意它与原不柱度的概念不同，原不柱度是指同一轴剖面内最大与最小直径之差。

汽缸的圆度误差达 0.050～0.0625mm，圆柱度误差达 0.175～0.250mm，必须修理或更换汽缸套；汽缸的圆度误差和圆柱度误差都小于极限值，并且汽缸磨损量小于 0.15mm 时，可更换活塞及活塞环。

1）汽缸的测量位置

测量时，应在活塞全行程内的①、②、③三个断面附近测量，如图 61 所示，以便正确地测量出汽缸的最大磨损量以及圆度和圆柱度误差。汽缸①、②、③三个测量断面的位置是：第一道活塞环上止点稍下处，此断面一般是汽缸的最大磨损断面；汽缸中部测量位于活塞上、下止点中间的位置；汽缸下部测量断面是取活塞到下止点时最下一道活塞环对应的位置附近。

2）测量前的准备工作

（1）将被检验的汽缸缸筒及上平面清洗、擦干，同时清洁千分尺、卡尺、量缸表、钢板直尺等量具，量缸表如图 62 所示。用钢板直尺测量汽缸长度，并在汽缸筒内画上所要测量的轴向和径向的位置。

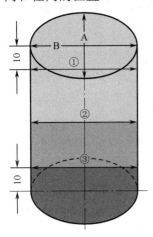

图 61　汽缸体的测量部位

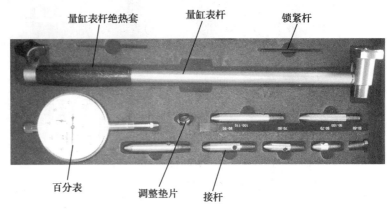

图 62　量缸表

（2）用卡尺测量汽缸口处的直径。提示：测量时卡尺必须与汽缸平面垂直，当尺的两个内量爪贴近汽缸壁时应轻轻晃动，以取得测量时的最大直径，然后将卡尺的锁紧螺母锁紧在读数上，如图 63 所示。

图 63　测量汽缸直径

（3）将千分尺校零，校量杆要放平，否则校零不准（将标准量规夹在测轴和砧子之间，慢慢转动限荷棘轮旋钮，当棘轮转动一圈半并发出 2～3 次"咔咔"声后，即能产生正确的测定压力，检视指示值；棘轮旋钮的作用是保证测轴的测定压力，当测定压力达到一定值时，限荷棘轮即会空转。如果测定压力不固定则无法测得正确尺寸），如有误差则用校正扳手对固定套筒或旋转套筒进行调整，并记录下其误差，如图 64 所示。

棘轮旋钮

图 64 千分尺校零及调整

（4）根据测量汽缸直径尺寸，把千分尺调到所测汽缸标准直径尺寸。

（5）根据汽缸直径大小选择合适的接杆，旋入量缸表下端，百分表所选测量杆长度要比汽缸大 0.5～1.0mm。例如，汽缸直径为 81.01mm，接杆选择 80～90mm，调整垫片应选择 2mm（如果是千分表，要选择和汽缸尺寸相近的尺寸，如汽缸直径为 81.01mm，接杆选择 80～90mm，调整垫片应选择 1mm）。量缸表的杆件有两种，一种是垫片调整式，一种是螺旋调整式。

（6）把装好紧固螺母的测量杆装在支架上，装上百分表时要预压缩 0.5～1.0mm，如图 65所示。注意：千分表预压缩 0.1～0.2mm。

（7）组装好量缸表后要进行简单检查，并再次清洁，使用量缸表拿住隔热套，另一只手托住下部靠本体的地方，如图 66 所示。

（a）百分表预压缩　　　　（b）千分表预压缩

图 65 装上量缸表进行预压缩

图 66 量缸表的正确拿法

（8）根据被测汽缸的标准尺寸用外径千分尺校对量缸表，并留出测杆伸长的适当数值（即预压 0.5～1.0mm），用右手大拇指轻轻旋转表盘，使大指针"0"位对正指针，记住小针指示毫米数，把接杆螺母固定，并复校。提示：使量缸表测头分别顶住千分尺前后测砧中央，保证量缸表处于垂直位置，如图 67 所示。

3）测量汽缸

测量垂直于曲轴轴线方向的汽缸上部直径。将内径百分表的测杆伸到汽缸上部，对准第一道活塞环在上止点位置时所对应的汽缸壁位置。先测量垂直于曲轴轴线方向的汽缸直径。提示：

（1）在测量汽缸直径时，要先将导向轮端倾斜使其先进入汽缸，然后再使测量接杆端进入，并贴着缸壁摆动表杆直到量缸表的测量杆与汽缸轴线成直角。

（2）测量时一定要将测量端放入缸体，当测量端放不进汽缸时千万不要硬放，否则会损坏量缸表。

（3）导向轮的两个支脚要和汽缸壁紧密配合，如图68所示。

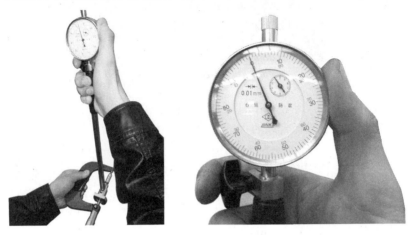

图67　量缸表校零

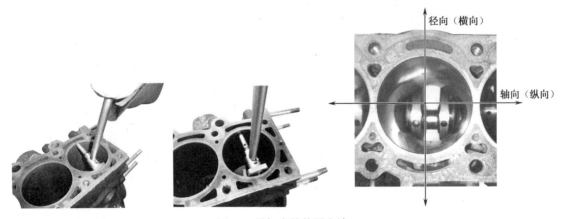

图68　量缸表的使用方法

4）读数方法

（1）百分表表盘指针在圆表盘上转动一格为0.01mm（千分表表盘每格为0.001mm，小表盘每转一格为0.1mm，转动一圈为1mm），转动一圈为1mm；小指针移动一格为1mm。

（2）测量时，当表针顺时针方向离开"0"位，表示缸径小于标准尺寸的缸径，它是标准缸径与表针离开"0"位格数的差；若表针逆时针方向离开"0"位，表示缸径大于标准尺寸的缸径，它是标准缸径与表针离开"0"位格数之和。

（3）若测量时，小针移动超过1mm，则应在实际测量值中加上或减去1mm。量缸表校零时，大指针对零（如标准缸径81.01mm），缸径测量时若大指针逆时针方向偏转2格，这时读数为81.01mm+0.02mm =81.03mm，即所测汽缸直径为81.03mm，如图69（a）所示；缸径测量时若大指针顺时针方向偏转2格，这时读数为81.01mm-0.02mm =80.99mm，即所测汽缸直径为80.99mm，如图69（b）所示。

（a）逆时针离开"0"位　　　　　　（b）顺时针离开"0"位

图 69　量缸表的读法

（4）读取量缸表数值时，量缸表放入汽缸后，轻轻前后摆动量缸表，使得指针偏转最大，即量缸表与汽缸真正成直角时，读取其数值，如图 70 所示。量缸表拿出或进入汽缸时，禁止拖擦量缸表的测头。提示：

① 读数时眼睛和表面需在同一水平面上；

② 测量时，使量缸表的活动测杆与汽缸轴线保持垂直，才能使测量准确。

图 70　量缸表的使用方法

（5）计算汽缸的圆度、圆柱度，如表 1 所示。

表 1　计算汽缸的圆度、圆柱度

汽 缸 号	位 置 号	直径 1（轴或纵向）	直径 2（横或径向）	圆　度	圆柱度
1	位置 1（上部）				
	位置 1（中部）				
	位置 1（下部）				
2	位置 2（上部）				
	位置 2（中部）				
	位置 2（下部）				

5）汽缸的修理尺寸计算

可以按下式进行计算：汽缸修理尺寸=汽缸最大磨损直径+镗缸余量（一般为0.10～0.20mm）；镗削量=活塞最大直径-汽缸最小直径+配合间隙-磨缸余量（一般为0.03～0.05mm）。计算出的修理尺寸应与修理级数相对照。汽缸修理尺寸除标准尺寸外，通常还有每加大0.25mm为一级。

6）清洁所有量具，整理好工作台

注：在千分尺、卡尺上涂防锈油。

015 汽缸衬垫

汽缸衬垫用来保证汽缸体与汽缸盖结合面间的密封，防止漏气、漏水。

大众、奥迪是三层钢片，如图71所示。钢叠层型的缸垫用于提高耐用度。汽缸衬垫接触高温、高压气体和冷却液，在使用中很容易被烧蚀，特别是缸口卷边周围。因此要求汽缸衬垫应具有足够的强度，耐热；不烧损或变质，耐腐蚀；具有一定的弹性，能弥补结合面的不平度，以保证密封；使用寿命长。汽缸衬垫的厚度不可随意，需要根据发动机的型号选择，以便提高压缩比的精度。汽缸衬垫的厚度主要依据活塞突出汽缸体的高度来确定。

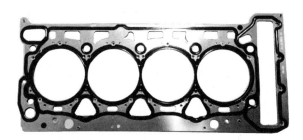

图71 大众迈腾钢片式汽缸衬垫

例如，丰田3L发动机共有三个类型的缸垫，如图72所示。标号B：1.40～1.50mm（0.0551～0.0591in）；标号D：1.50～1.60mm（0.0591～0.0630in）；标号F：1.60～1.70mm（0.0630～0.0669in）。

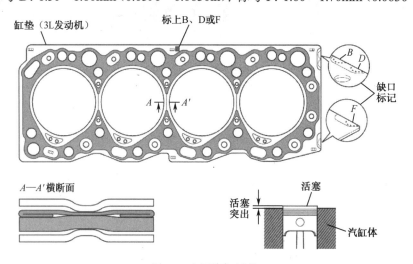

图72 丰田汽缸衬垫

016　活塞结构

活塞的主要部分包括活塞顶、带有火力岸的活塞环部分、活塞销座和活塞裙，如图 73 所示。活塞环、活塞销和活塞销卡环也是活塞总成的一部分。

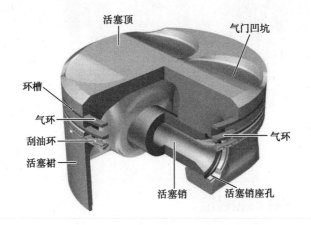

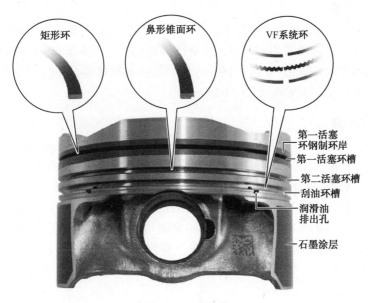

图 73　活塞结构

活塞顶和汽缸盖构成了燃烧室，如图 74 所示。在汽油发动机上可以采用平顶、凸顶或凹顶活塞。

活塞环部分通常有三个用于固定活塞环的环形槽，活塞环的作用是防止漏气和漏油（密封）。活塞环岸位于环形槽之间。位于第一个活塞环上方的环岸称为火力岸。一套活塞环通常包括两个气环和一个刮油环。

1—排气门气门座；2—排气门；3—火花塞；4—喷射器；5—进气门；6—进气门气门座；7—活塞的挤压面

图74 燃烧室及部件

017 活塞直径、缸壁间隙测量

1）活塞直径测量

同一台发动机上应选用同一厂牌、同一规格和同组活塞。活塞的选组应根据测得的汽缸直径，选取对应的组别。将活塞环不拆下，活塞位置在汽缸上，活塞测量的部位如图75所示，用外径千分尺从活塞裙部底边向上约10mm处测量活塞的横向直径，并与活塞销的轴线错开90°。相对于额定尺寸的偏差最大为0.04mm。

2）缸壁间隙测量

活塞与汽缸壁的间隙为0.02～0.04mm。方法是：将汽缸和活塞擦净，把一定规格（长×宽×厚为200mm×13mm×0.03mm）的厚薄规预先置放在汽缸内受侧压力较大的一侧（发动机右侧），倒置活塞（前后方向不变）使裙部大径方向对正厚薄规并推入汽缸内至下缘与汽缸上平面平齐，然后左手握住活塞，右手用弹簧秤拉出厚薄规，其拉力应符合规定，各缸间的拉力差应不超过9.8N，拉力计的标准拉力为22.5～36.5N，如图76所示。也可用外径千分尺测量活塞的最大直径，再用量缸表测量汽缸的最大直径（参照量缸表使用），最后计算出汽缸直径与活塞的配合间隙。

018 活塞环

1）功用

活塞环的主要功用是密封、导热、隔热、刮油。活塞环的结构如图77所示。

2）活塞环类型

活塞环的类型如图78所示。

（1）矩形环是在普通运行条件下使用的带有矩形横截面的气环。通常还使用桶面环。

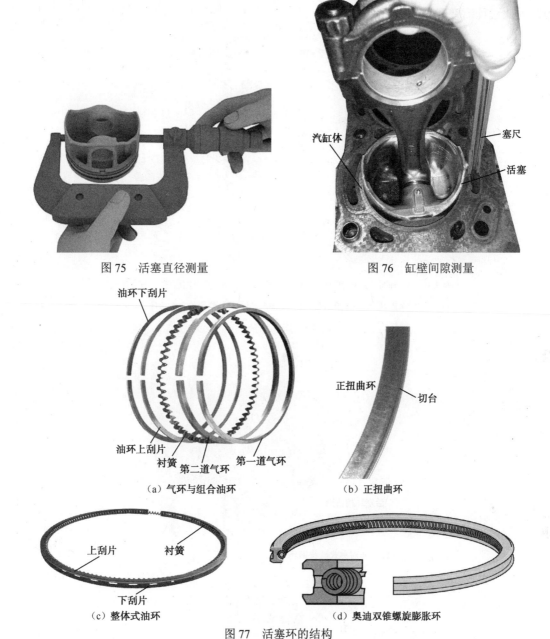

图 75　活塞直径测量

图 76　缸壁间隙测量

（a）气环与组合油环

（b）正扭曲环

（c）整体式油环

（d）奥迪双锥螺旋膨胀环

图 77　活塞环的结构

（2）锥面环的运行表面呈锥形，锥面向上逐渐缩小。这样可以缩短启动时间。锥面环也是气环，但具有刮油环的作用。由于内倒角矩形环的横截面不对称，因此安装时会使其呈碟形，与汽缸壁的运行表面呈锥形。这种气环与锥面环一样，也具有辅助刮油的作用。

（3）鼻形环和鼻形锥面环既是气环又是刮油环，如图 79 所示。这些活塞环的底部都有一个小槽口。鼻形锥面环的运行表面呈锥形。安装鼻形环时不允许颠倒方向，槽口必须朝下。安装错误会导致发动机损坏。

（4）开槽油环通过两个运行表面上较高的表面压力实现其刮油作用。环壁上的开槽有助于刮下的润滑油回流。在带有管状弹簧的开槽油环上，通过一个圆柱形螺旋弹簧（管状弹簧）提高表面压力和接触面积。位于铸铁或钢制活塞环圆形或 V 形固定槽内的弹簧使整个环壁均匀受力，因此这种活塞环结构灵活性较大。

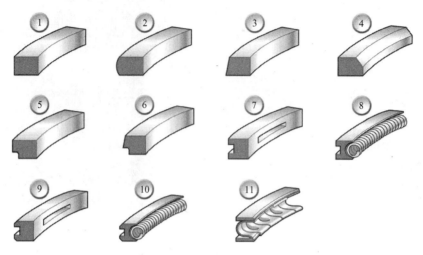

1—矩形环；2—桶面环；3—锥面环；4、5—正扭曲环；6—鼻形锥面环；7—开槽油环；
8—带有管状弹簧的开槽油环；9—双倒角环；10—带有管状弹簧的双倒角环；11—VF 系统

图 78　活塞环的类型

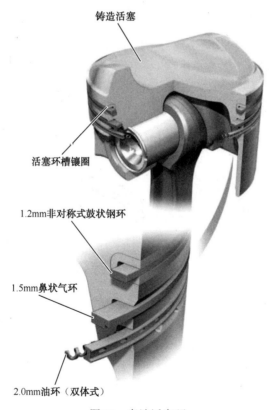

图 79　奥迪活塞环

（5）双倒角环与开槽油环相似，两个运行表面的倒角可以进一步提高表面压力，从而达到更好的刮油效果。双倒角环也可以采用带有管状弹簧的结构。

（6）VF 系统是一个三件式钢带刮油环。它由两个钢片和一个钢制隔离弹簧构成。这种结构特别适用于较薄的活塞环，两个钢片彼此独立径向移动有助于提高刮油效果。

（7）U 形弯曲环是比较特殊的部件，在 M43TU 发动机上作为刮油环安装在第三个凹槽内。该刮油环的横截面呈 U 形，两端构成了运行表面。该活塞环由通过弹簧支撑的挠性元件构成。与传统刮油环不同，其弹簧不是将活塞环压向汽缸套，而是与其一起张紧。挠性元件本身产生的作用力足够用于达到所需的表面压力。安装窄小的 U 形弯曲刮油环时必须特别小心。

若将内圆面的上边缘或外圆面的下边缘切掉一部分，整个气环将扭曲成碟子形，则称这种环为正扭曲环；若将内圆面的下边缘切掉一部分，气环将扭曲成盖子形，则称其为反扭曲环。在环面上切去部分金属称切台。

3）活塞环选配

活塞环的直径尺寸同样也有标准和加大的修理尺寸，但没有分组尺寸。标准尺寸的汽缸和活塞选用标准尺寸活塞环，加大尺寸的汽缸和活塞选用同一修理尺寸级别的活塞环。

发动机在两次大修之间，二级维护时，如果汽缸的最大圆柱度误差达到 0.09～0.11mm，可采用更换活塞环的方法来改善发动机的性能，以延长发动机的大修间隔里程。

019　活塞环检验

（1）活塞环端隙的检验。活塞环端隙指的是活塞环平装到汽缸内时两端间的间隙，一般为 0.25～0.50mm。端隙的检查方法如图 80 所示。注意：用活塞的头部将活塞环推入汽缸，将环垂直地从上面推进汽缸开口，离汽缸边缘约 15mm 处。

（2）活塞环侧隙的检验。如图 81 所示，将环放在环槽内，围绕环槽滚动一圈，环在槽内应滚动自如，既不松动，又无阻滞现象。然后用塞尺测量侧隙值，一般为 0.02～0.05mm，极限值 0.15mm；其他环为 0.03～0.07mm；油环为 0.025～0.07mm。侧隙过大将使活塞环的泵油作用加剧，活塞环岸易疲劳破碎；过小则会使环卡死在槽内，造成拉缸。侧隙过小时，可用车削法加宽活塞环槽。因现代汽车活塞环一般采用表面喷钼等强化措施，所以不宜采用研磨环的办法修整侧隙。

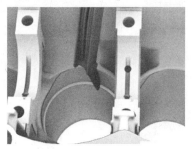
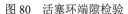

图 80　活塞环端隙检验　　　　　　图 81　活塞环侧隙检验

（3）活塞环背隙的检验。活塞环的背隙是指活塞与环装入汽缸后，活塞环外圆柱面与活塞环槽底间的间隙。为了测量方便，通常是将活塞环装入环槽内，以环槽深度与活塞环径向厚度的差值作为背隙值。测量时，将环落入环槽底，再用深度游标卡尺测出环外圆柱面低于环岸的数值。另一种方法是将活塞环放进汽缸内，测量环的内径，再测量活塞的环槽底径后计算背隙。此方法较准确。该数值一般为 0.5～1.0mm。如背隙过小，应更换活塞环或车深环槽。

020 活塞环安装

（1）活塞环需要用活塞环钳安装。活塞环安装时开口错开 120°，如图 82 所示，标记"TOP 或文字"必须指向活塞顶。

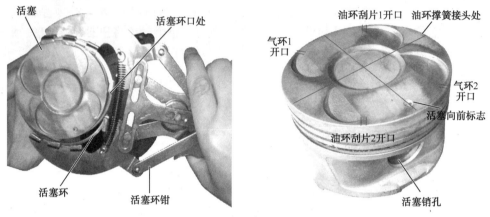

图 82　活塞环安装

注意：不能将活塞环强行扭曲或撑开过大，在活塞环及环槽表面涂抹润滑油，先从底部油环开始安装。钢带组合油环，先装衬簧，再装上下刮片，衬簧接头与上下刮片的开口周围方向相隔 3cm 以上，气环安装时，应将有标记的一面朝活塞顶部，无标记应将有内台阶或内倒角一面朝下，切勿装反。活塞环装入环槽内各道环之间开口互错 90°～120°，且开口处不要对活塞销处。如有四道活塞环，第一、二道互错 180°，第二、三道互错 90°，第三、四道互错 180°，各环开口不要朝向活塞受侧压的方向（右侧），这样安装可获得较长的迷宫式的漏气路线，增加漏气阻力，减小漏气量。

（2）安装活塞。首先在活塞裙部和汽缸内部涂抹机油，用活塞环卡箍收紧各道活塞环，放进汽缸，同时用塑料棒放在活塞环卡箍上十字交叉将活塞环卡箍敲平，并再次收紧，小心地捅入汽缸，装配时注意活塞顶部的箭头应朝向发动机前端，如图 83 所示，连杆螺栓紧固力矩为 45N·m，继续旋转 90°，安全阀用 27N·m 力矩拧紧，如图 84 所示。

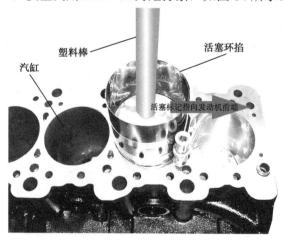

图 83　安装活塞

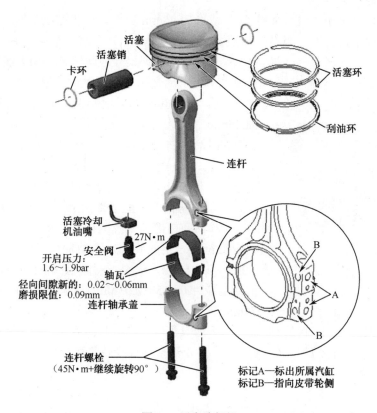

图 84　活塞连杆组

（3）安装轴承及轴承盖。轴承安装时应注意其定位及安装位置（将轴瓦居中装入连杆和连杆轴承盖内，尺寸 a 必须一致），如图 85 所示，连杆盖安装时也应注意安装标记和缸号不能装错。

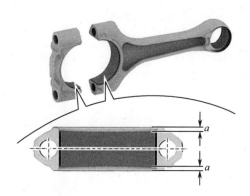

图 85　轴承安装时应注意其定位

021　活塞选配

　　在发动机大修或更换汽缸体（或汽缸套）时，应同时更换全部活塞。在选配活塞时，应注意下列要求：

　　（1）活塞的修理尺寸要求。活塞的修理尺寸是指活塞的直径较标准尺寸加大一个或几个修理级差，每级为 0.25mm。加大常用 "+" 或 "+0.25mm" 表示，加大的数值一般凿刻在活塞顶部，如图 86 所示。

图 86　加大一级活塞标识

（2）活塞的修理尺寸应与汽缸的加大级别相一致。同一台发动机上，应选用同一厂牌同一组的活塞，以便使材料、性能、质量、尺寸一致。同一组活塞直径差不得大于 0.02～0.025mm。

（3）活塞的质量要求。同一组活塞中，各活塞的重量应基本一致，其重量差不得超过 3%，高速发动机则要求更为严格。活塞的重量差超过规定时，可调节活塞的重量，其方法为车削活塞裙部内壁下部向上到 20mm 处。

（4）活塞裙部圆度及圆柱度要求。活塞裙部的圆度和圆柱度应符合一定的要求，汽油机活塞裙部锥形的圆柱度为 0.005～0.015mm，最大不得超过 0.025mm，膨胀槽开到底的活塞应为 0.015～0.03mm。活塞的圆度偏差一般为 0.10～0.20mm，膨胀槽开到底的为 0～0.075mm。

（5）活塞头部、裙部直径差要求。由于活塞头部较厚，且温度明显高于其他部位，因此，对活塞的头部、裙部直径有一定的要求，以防止活塞顶部受热膨胀使头部外径过大，也可保证活塞环的工作可靠性。

022　连杆

连杆由小头、杆身、大头三部分组成，如图 87 所示。

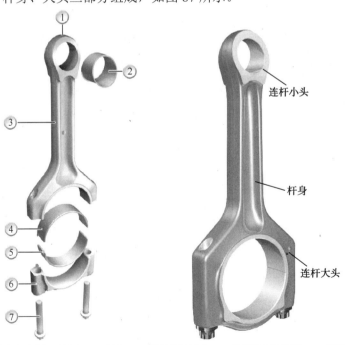

1—油孔；2—小连杆头内的滑动轴承；3—杆身；4—连杆内的轴瓦；5—连杆盖内的轴瓦；6—连杆盖；7—连杆螺栓

图 87　连杆

在曲轴传动机构中，连杆负责连接活塞和曲轴。活塞的直线运动通过连杆转化为曲轴的转动。此外，连杆还要将燃烧压力产生的作用力由活塞传至曲轴上。

作为一个加速度很大的部件，连杆的重量直接影响发动机的工作效率和运行平稳性。因此，为了获得尽可能舒适的发动机运行特性，最重要的是优化连杆重量。

梯形连杆小连杆头的横截面呈梯形。就是说，在小连杆头处由连杆轴端部向连杆端部逐渐变细。这样一方面可以进一步减轻重量，因为节省了"未承受负荷"一侧的材料，而承受负荷一侧则为整个轴承宽度。此外还能缩小活塞销孔间距，这意味着活塞销弯曲度较低。

另一个优点是可以取消小连杆头内的油孔，因为机油通过滑动轴承的倾斜沿渗入。由于省去了油孔，因此也避免了对该侧轴承强度造成的不利影响。这又可使该侧连杆结构更窄小。这样不仅可以减轻重量，还能节省活塞空间。

023　连杆衬套选配

连杆衬套与小头座孔之间的配合要有一定的过盈量，一般为 0.045～0.150mm。过盈量过大会造成压装衬套困难，甚至造成衬套变形、损坏；过盈量过小时，衬套能压入小孔内，但工作时易出现衬套松动现象，并造成小头座孔磨损加剧。对过盈量的测量，一般选用游标卡尺分别测量新衬套的外径和连杆小头内径，根据测出过盈量的大小选择新衬套，如图 88 所示。

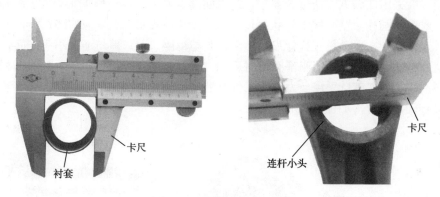

图 88　测量连杆小头与衬套

活塞销与连杆衬套之间的配合间隙在常温下应为 0.02～0.05mm，并且保证接触面在 75% 以上。如勉强套入活塞销，则为合适。如套不进活塞销，则说明加工余量太大，如套上后感到松旷，则加工余量太小，均应重新选配。

新衬套在被压入前，应用铳子将旧衬套顶出，然后检查小头座孔内部有无毛糙卷边现象等。若有要进行处理。在装配新衬套时，有倒角的一端应对着连杆小头有倒角的一侧，使其对正压入，如图 89 所示。对于两半截式的衬套，还要注意使油孔对准，如图 90 所示。应使衬套压至连杆小头油孔边缘，以保证机油流动畅通。露出连杆小头端面部分，需用锉刀修平。

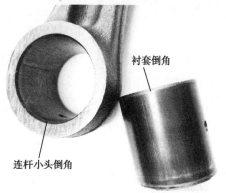

图 89　装配时倒角一端对齐

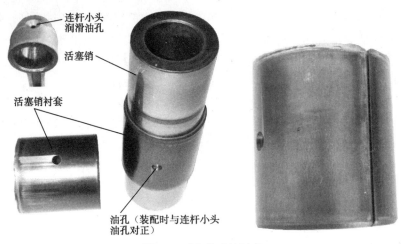

图90 两半截式的衬套

024 活塞销

活塞销的作用是连接活塞和连杆小头，将活塞承受的气体作用力传给连杆。

活塞销一般采用低碳钢或低碳合金钢，经表面渗碳淬火后再精磨加工。为了减轻重量，活塞销一般做成空心圆柱，空心柱的形状可以是组合形或两段截锥形，如图91所示。

全浮式连接是指在发动机工作温度时，活塞销与销座、活塞销与连杆小头之间都是间隙配合，活塞销、连杆小头和活塞销座都有相对运动。这种连接方式增大了实际接触面积，减小了磨损且使磨损均匀，被广泛采用。为防止工作时活塞销从孔中滑出，必须用卡环将其固定在销座孔内，进行轴向定位，如图92所示。

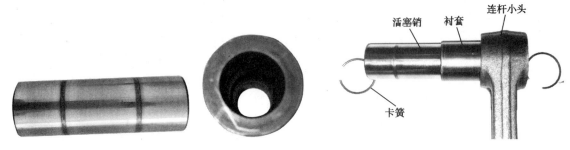

图91 活塞销结构　　　　　　　图92 全浮式活塞销

半浮式连接是指销与座孔或销与连杆小头两处，一处固定，一处浮动，如图93所示。活塞销只能在销座内做自由摆动，而和连杆小头没有相对运动，使活塞销与座孔磨损不均匀。其中大多数采用销与连杆小头固定的方式。可以将活塞销压配在连杆小头孔内，这种方式不需要卡环，也不需要连杆衬套。

活塞销选配：

活塞销磨损过大，将会引起汽缸偏磨和不正常的金属敲击声响；活塞销如弯曲变形过大，将会引起销座很大的应力集中，可能会造成销座破裂。

发动机大修时，活塞销必须随活塞的更换而更换。活塞销除标准尺寸外，还有甲级加大修理尺寸，除标准尺寸至第一级修理尺寸的级差为 0.08mm 外，其余各级修理尺寸的级差为

0.04mm，共分四级，以适应发动机在两次大修之间修理的要求。

连杆小头

连杆小头带动活塞销在销孔中转动

图 93　半浮式活塞销

选配活塞销的质量要求是：新活塞表面粗糙度 Ra 不大于 0.63μm，无锈蚀斑点，圆度、圆柱度不超过 0.0025mm，同组活塞销质量差在 10g 以内。

选用修理尺寸的活塞销，可以按照原活塞销尺寸的加大量和连杆衬套与活塞销座孔的磨损程度来决定，并应成组更换。

全浮式活塞销与销座孔的配合，对于汽油机，在常温下有微量的过盈，过盈量一般为 0.0025～0.0075mm，要求它们之间的接触面积在 75% 以上；对于柴油机，在常温下是过渡配合，允许有轻微间隙。

025　曲轴

曲轴的作用是把活塞连杆组传来的气体压力转变为转矩并对外输出，同时，还驱动发动机的配气机构和其他辅助装置（如发电机、水泵、空调压缩机）等。

曲轴由一个单一部件构成，但可以分为多个不同的部分。主轴承轴颈位于曲轴箱内的轴承内。连杆轴颈或曲柄轴颈与曲轴通过所谓的曲柄臂连接起来（简称一个曲拐单元）。曲柄轴颈和曲柄臂的这部分也称作曲柄，如图 94 所示。

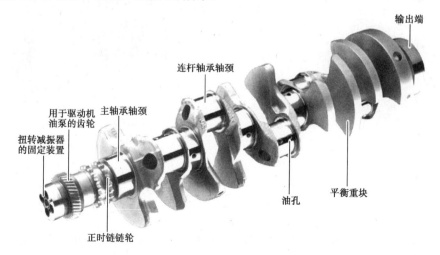

输出端

连杆轴承轴颈

用于驱动机油泵的齿轮

主轴承轴颈

扭转减振器的固定装置

正时链链轮

油孔

平衡重块

图 94　曲轴结构

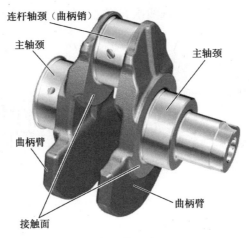

连杆轴颈（曲柄销）

主轴颈

主轴颈

曲柄臂

曲柄臂

接触面

图 94　曲轴结构（续）

026 曲轴装配

曲轴装配图如图 95 所示。

新款大众奥迪 EA888 发动机主轴承直径从 52mm 减至 48mm，平衡块的数量从 8 个减至 4 个，上部和下部主轴瓦采用两层构造，而且不含铅添加物，曲轴减轻 1.6kg，如图 96 所示。

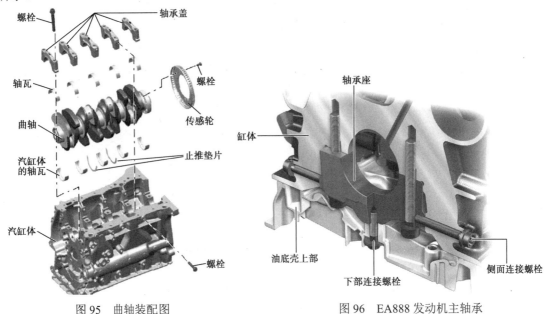

螺栓　　　　　　　　　轴承盖

轴瓦　　　　　　　　　　　螺栓

曲轴　　　　　　　　　传感轮

汽缸体的轴瓦　　　　　止推垫片

汽缸体

螺栓

轴承座

缸体

油底壳上部　　　下部连接螺栓　　　侧面连接螺栓

图 95　曲轴装配图　　　　　　图 96　EA888 发动机主轴承

1）曲轴拆卸

（1）拆下靶轮上的螺栓，因为靶轮只有在某一位置才可安装，拆下靶轮，拆前注意将其不均匀的孔的方位做记号。

（2）检查曲轴轴向间隙，极限轴向间隙为 0.07～0.24mm，超过此值，应更换止推垫片。

（3）按规定顺序松开主轴承盖螺栓，由两边向中间分次均力拆卸，如图 97 所示。

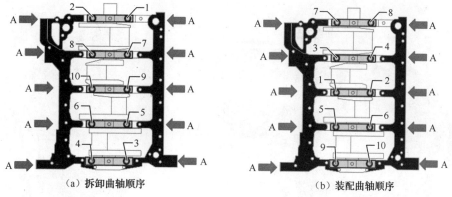

（a）拆卸曲轴顺序　　　　　（b）装配曲轴顺序

图 97　曲轴拆装顺序

（4）拆下第 3 道瓦及止推片。

（5）拆下曲轴。

2）曲轴安装

（1）安装上曲轴，注意安装位置。

（2）安装第 1、2、4、5 道轴瓦，最后装上第 3 道轴瓦及止推垫片。

（3）按轴承盖上打印的 1、2、3、4、5 标记，由前向后顺序安装。

（4）曲轴轴承盖螺栓应由中间向两边交叉顺序拧紧（按照曲轴瓦盖上 1～5 的顺序拧紧曲轴螺栓：①用手拧紧螺栓 1～10 和箭头 A 处所指螺栓；②用 65N·m 的拧紧力矩预拧紧螺栓 1～10；③用刚性扳手将螺栓 1～10 继续转动 90°；④用 20N·m 的拧紧力矩预拧紧螺栓（箭头 A 所指处）；⑤用刚性扳手将螺栓（箭头 A 的指处）继续转动 90°，如图 97 所示。轴承盖紧固后，曲轴转动应平滑自如。

027　扭转减振器

曲轴扭转减振器的功用是吸收曲轴扭转振动的能量，消减扭转振动，避免发生强烈的共振及其引起的严重恶果。

（1）橡胶扭转减振器。减振器壳体与曲轴连接，减振器壳体与扭转振动惯性质量粘在硫化橡胶层上。发动机工作时，减振器壳体与曲轴一起振动，由于惯性质量滞后于减振器壳体，因而在两者之间产生相对运动，使橡胶层来回揉搓，振动能量被橡胶内的内摩擦阻尼吸收，从而使曲轴的扭振得以消减，橡胶扭转减振器如图 98 所示。但其阻尼作用小，橡胶容易老化，故在大功率发动机上较少使用。

（2）硅油扭转减振器。由钢板冲压而成的减振器壳体与曲轴连接，侧盖与减振器壳体组成封闭腔，其中滑套着扭转振动惯性质量。惯性质量与密封腔之间留有一定的间隙，里面充满高黏度硅油，当发动机转动工作时，减振器壳体与曲轴一起旋转、一起振动，惯性质量则被硅油的黏性摩擦阻尼和衬套的摩擦力所带动，在惯性质量与减振器壳体间产生相对运动。曲轴的振动能量被硅油的内摩擦阻尼吸收，使扭振消除或减轻，硅油扭转减振器减振效果好，性能好，性能稳定，工作可靠，维修方便，所以在汽车发动机上的应用日益普遍，如图 99、图 100 所示。

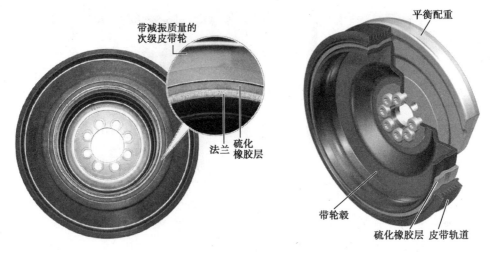

带减振质量的
次级皮带轮

平衡配重

法兰 硫化
橡胶层

带轮毂

硫化橡胶层 皮带轨道

图 98 橡胶扭转减振器

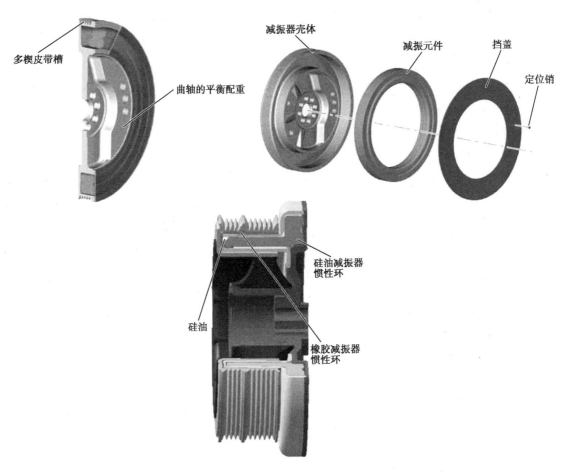

多楔皮带槽

减振器壳体

减振元件

挡盖

定位销

曲轴的平衡配重

硅油减振器
惯性环

硅油

橡胶减振器
惯性环

图 99 硅油扭转减振器（1）

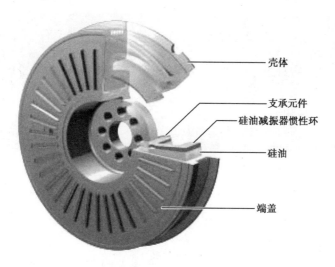

图 100　硅油扭转减振器（2）

028 更换曲轴前端密封环

必备的专用工具、检测仪器及辅助工具如图 101～图 103 所示。

图 101　压块 T10354

图 102　压块 T10368

图 103　起拔钩 T40274

1）拆卸

（1）拆卸减振器。

（2）用起拔钩 T40274 将轴密封环拔出，如图 104 所示。

2）安装

（1）清洁工作面和密封面。

（2）安装轴密封环（箭头所指处）和压块 T10354，如图 105 所示。

（3）插入额外的压块 T10368 并拧紧带肩螺母 A。

（4）用压块 T10182 推入密封环，直至限位位置，如图 106 所示。

（5）安装减振器。

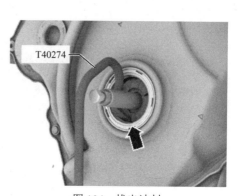
图 104　拔出油封

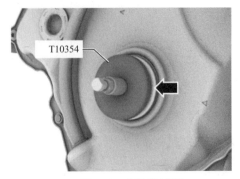

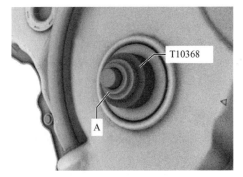

图 105　安装密封环　　　　　　　图 106　用压块推入密封环

029 拆卸和安装减振器

必备的专用工具、检测仪器及辅助工具如图 107、图 108 所示。

图 107　固定支架 T10355

1—定位件；2—张紧销；3—旋转工具；4—带肩螺母

图 108　装配工装 T10531

1）拆卸

注：减振器紧固螺栓 A 相互连接减振器、正时链链轮和曲轴，如图 109 所示。在拧出紧固螺栓前，必须先按如下所述固定曲轴的链轮。

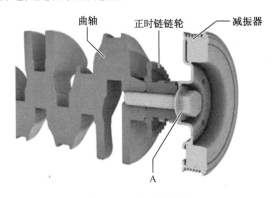

图 109　减振器连接

（1）旋出螺栓（箭头所指处）。

（2）拆卸空气导向管（夹子序号 1 和 2），如图 110 所示。

（3）拆卸多楔带。

（4）从多楔带张紧装置中取出定位芯棒 T10060A。

（5）用固定支架 T10355 将减振器转到"上止点"位置（箭头所指处），如图 111 所示。

（6）减振器上的切口必须与正时链下盖板上的箭头标记相对。

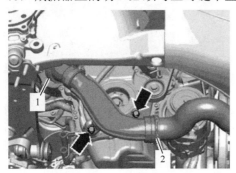

图 110　拆卸空气导向管

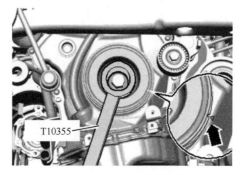

图 111　将减振器转到上止点位置

（7）用固定工具 T10355 将减振器螺栓大约旋转 1/2 圈。注：减振器紧固螺栓首先只能最多旋转 1/2 圈来松开，如图 112 所示。

（8）如果减振器扭转，请校准上止点位置。

（9）拧出所示的正时链盖板的两个紧固螺栓（箭头所指处），如图 113 所示。必须更换螺栓。

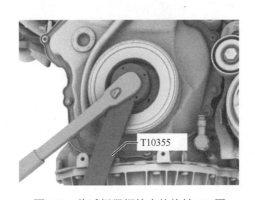

图 112　将减振器螺栓大约旋转 1/2 圈

图 113　拧出正时链盖板上的螺栓

（10）如图 114 所示，将定位件 T10531/1 安装到减振器上，用手拧上滚花螺栓（箭头所指处）。

（11）完全拧出减振器的螺栓。

（12）检查旋转工装 A 是否松动，可从夹块 B 上移动。旋上夹紧螺栓（箭头所指处），如图 115 所示。提示：现在不再转动夹紧螺栓，而是在安装时将夹紧螺栓 T10531/2 卡入曲轴中。

（13）将夹紧螺栓 T10531/2 拧入曲轴中，用开口宽度为 12mm 的开口扳手 A 拧紧，如图 116 所示。

（14）用手拧紧夹紧螺栓 A，由此将链轮固定到曲轴上，如图 117 所示。

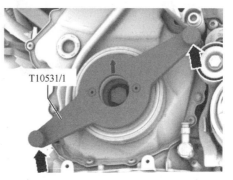

图 114　用手拧上滚花螺栓

（15）旋出滚花螺栓（箭头所指处），取出定位件 T10531/1 和减振器 A，如图 118 所示。

注：减振器拧出 1/2 后也可以用拉拔器拉出，如图 119 所示。

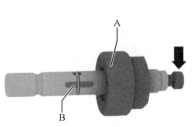

图 115　检查旋转工装

图 116　将夹紧螺栓 T10531/2 拧入曲轴中

图 117　拧紧夹紧螺栓 A

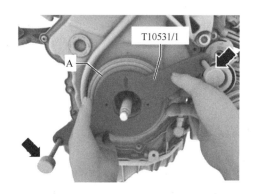

图 118　旋出滚花螺栓

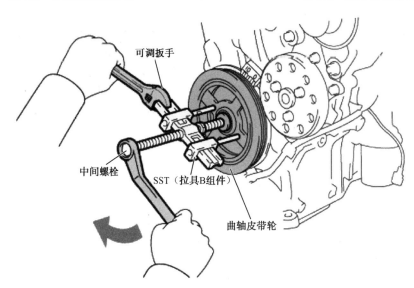

图 119　用拉拔器拉出减振器

（16）如果要转动没有减振器的曲轴：旋转工装 A 插到张紧销上，同时注意链轮的齿廓。工具的上方平面位于上止点位置。将旋转工装用带肩螺母 B 拧紧。

（17）现在可以在六角头上转动曲轴（箭头所指处），如图 120 所示。

2）安装

（1）必要时将带肩螺母 B 和旋转工装 A 从夹紧螺栓中取出，如图 121 所示。

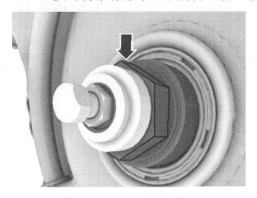
图 120 在六角头上转动曲轴

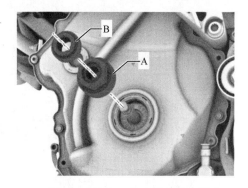
图 121 工装 A 从夹紧螺栓中取出

（2）将减振器放入上止点位置，注意链轮的轮廓（箭头所指处），如图 122 所示。

（3）旋转工装 A 插到张紧销上，同时六角头应指向减振器。拧上带肩螺母 B，来回移动减振器检查其是否正确位于轮廓内。拧紧带肩螺母，直到减振器不能再转动，如图 123 所示。

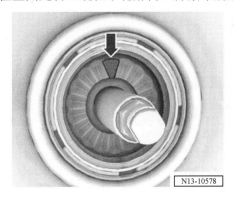
图 122 链轮的轮廓

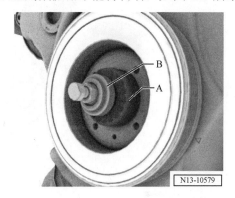
图 123 检查减振器是否正确位于轮廓内

（4）如图 124 所示，将定位件 T10531/1 安装到减振器上，用手拧上滚花螺栓（箭头所指处）。

（5）拧出带肩螺母 A 并松开夹紧螺栓 B，如图 125 所示。拧出夹紧螺栓并用旋转工装将其取出。

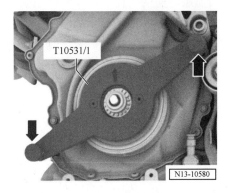
图 124 用手拧上滚花螺栓

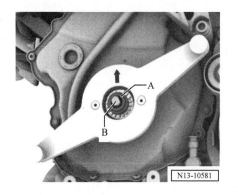
图 125 拧出带肩螺母 A 并松开夹紧螺栓 B

（6）用手拧入减振器螺栓和 O 形环 1，如图 126 所示。

（7）拧出滚花螺栓（箭头所指处）并取出定位件 T10531/1，如图 127 所示。

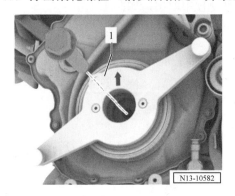
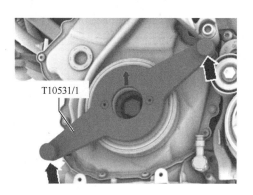

图 126　拧入减振器螺栓和 O 形环　　　图 127　取出定位件 T10531/1

（8）拧紧减振器的螺栓，为此使用固定支架 T10355，如图 128 所示（减振器的螺栓：150N·m+继续转动 90°（1/4 圈））。

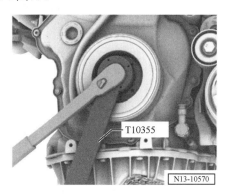

图 128　拧紧减振器的螺栓

030　曲轴止推轴承（止推片）

曲轴止推轴承（止推片共 4 片）用于限制曲轴的轴向窜动（发动机工作时，曲轴常受到离合器施加于飞轮的轴向力作用而有轴向窜动的趋势），保证曲柄连杆机构各零件正确的相对位置，止推轴承如图 129 所示。但曲轴受热膨胀时，又应允许其自由伸长，故曲轴上的轴向定位装置必须有，但只能设于一处，通常设在第三道或第四道主轴承处。注：装配时带有储油槽侧朝向曲轴的曲柄臂（朝外），如图 130 所示。

031　曲轴轴向间隙检测

检查曲轴的轴向间隙，将曲轴撬向一端，用塞尺检查第三道主轴承的轴向间隙，新轴为 0.07～0.23mm，磨损极限为 0.30mm。超出磨损极限时，应更换第三道主轴承两侧的半圆止推环。

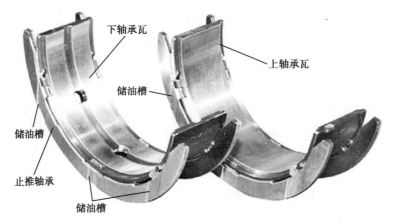

图 129 止推轴承

图 130 止推轴承安装方向

1）检查方法

（1）把百分表和通用百分表支架拧紧到汽缸体上，如图 131、图 132 所示。

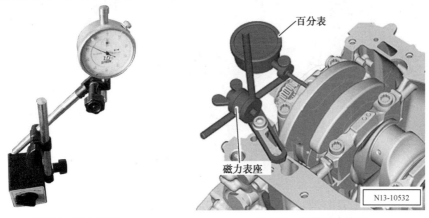

图 131 磁力表座   图 132 安装磁力表座

（2）把百分表杆部平行于曲轴中心线放置，将表针调整为零。

（3）将百分表顶在曲轴曲柄臂上。

（4）将曲轴用手对着千分表压入，将千分表拨到 0。

（5）从百分表上推开曲轴，读取测量值。轴向间隙：新轴为 0.07～0.24mm，磨损极限为 0.26mm。

2）曲轴轴向间隙另一种检查方法

将曲轴定位轴肩和轴承的承推端面的一面靠合，用撬棒将曲轴挤向后端，然后用厚薄规在曲轴臂与止推轴瓦或止推垫圈之间测得。

曲轴轴向间隙一般为 0.05～0.25mm，使用极限为 0.35mm，轴向间隙过大会引起汽缸、活塞连杆组的异常磨损。检查曲轴的轴向间隙，一般是在拆卸曲轴之前用撬棒将曲轴拨向一端，并用百分表或塞尺测量出曲轴的轴向间隙。该间隙不符合技术要求可通过更换止推承片进行调整。

032 发动机平衡机构

现代轿车特别重视乘坐的舒适性和噪声水平，为此必须将引起汽车振动和噪声的发动机不平衡力及不平衡力矩减小到最低限度。在曲轴的曲柄臂上设置的平衡重只能平衡旋转惯性力及其力矩，而往复惯性力及其力矩的平衡则需要专门的平衡机构。

直喷四缸发动机在 4000r/min 以上震动通过车身传递变得明显，令人不快的"嗡嗡"声将降低车辆的舒适性。这种震动是由惯性力引起的，可以用带平衡重的轴向相反方向转动抵消。

平衡轴由石墨铸铁构成并由三道轴承支撑，平衡轴安装于铸铝轴承座里，两根轴的旋转方向相反。平衡轴的反向运动消除发动机纵向惯性，如图 133 所示。

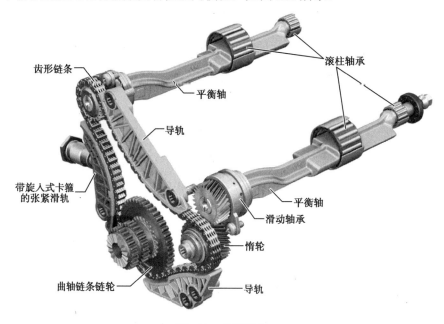

图 133 平衡机构

大众新型的直喷发动机平衡轴机构是从常规的 FSI 发动机继承而来的，做了如下相应的改动：①采用分体驱动链轮实物及分解，如图 134 所示；②驱动齿轮与不平衡质量分离有利于提高平衡等级；③采用较宽齿轮的机油泵；④机油控制的机油压力调节阀位于平衡轴壳体上；⑤强度优化的压铸壳体；⑥轴承直接位于铝合金壳体上。

图 134　分体驱动链轮

在发动机转速较低时，涡轮增压发动机曲轴的旋转不平衡很严重，这会使得平衡轴链条机构的链条力明显增大。自然吸气发动机的振动角度为 0.8° 曲轴角，而涡轮增压发动机的振动角度高达 2° 曲轴角。链条机构上的突然加载使得链条的磨损大大提高了（如果不采取措施的话）。因此在链轮的轮毂内使用了弓形弹簧，这样就可使平衡轴模块中的输入轴与曲轴脱开，其作用与双质量飞轮类似。

033　双质量飞轮

实践表明，汽车传动系统通常会有一两个固有频率落在发动机常用转速范围之内，这是引起变速器噪声和车内噪声的主要原因。研究表明，要降低这两个容易造成传动系统共振的固有频率，只有在变速器和离合器之间（在扭转减振器之后）增加转动惯量才能解决。要做到在变速器和离合器之间增加转动惯量，最好的也是唯一的办法，是在结构设计上把原先装在离合器从动盘上的扭转减振器移至飞轮处，把飞轮分成两部分：主动飞轮和从动飞轮。主动飞轮直接装在曲轴上，只起飞轮的作用；从动飞轮位于主动飞轮之后，这两者之间装有能传递大容量发动机转矩的弧形弹簧，通过该扭转减振器将主动飞轮和从动飞轮相联系，从动飞轮除起到前面所说的附加质量的作用外，同时作为主动摩擦面，离合器总成也装在从动飞轮上。当离合器在接合状态时，从动飞轮和变速器第一轴呈刚性连接。因此，从动飞轮实际上还包括离合器总成（含有离合器盖、压盘及从动盘等），显然，这就增加了所希望的变速器第一轴前端所连的转动惯量。双质量飞轮减振器结构如图 135 所示。

034　轴瓦

轴承也称轴瓦（连杆上的称小瓦，曲轴上的称大瓦），连杆上的轴瓦装在连杆大头内，保护连杆轴颈和连杆大头孔。曲轴安装在主轴承盖和主轴座内，由于其工作时承受较大的交变载荷，且润滑困难，要求它具有足够的强度、良好的减摩性和耐腐蚀性。

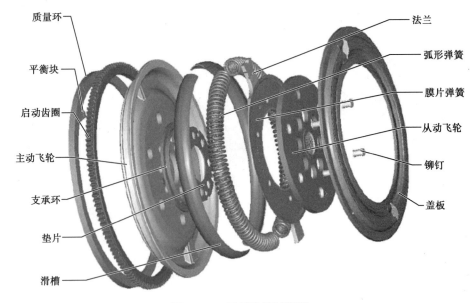

质量环
平衡块
启动齿圈
主动飞轮
支承环
垫片
滑槽

法兰
弧形弹簧
膜片弹簧
从动飞轮
铆钉
盖板

图135　双质量飞轮减振器

轴承由钢背和减摩层组成，为两半分开形式。钢背由厚1~3mm的低碳钢制成，是轴承的基体；减摩层由浇铸在钢背内圆上厚为0.3~0.7mm的薄层减摩合金制成，减摩合金具有保持油膜、减小摩擦阻力和易于磨合的作用，如图136所示。

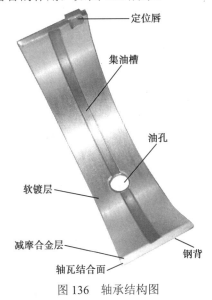

定位唇
集油槽
油孔
软镀层
减摩合金层
钢背
轴瓦结合面

图136　轴承结构图

轴瓦安装如下：

曲轴上半轴承的安装，曲轴轴承应该安装在轴承座中央以对准机油孔。

曲轴下半轴承、连杆上/下轴承的安装，轴承应安装在轴承座中央，并经过测量调整 B 和 C 之差小于0.7mm。曲轴轴承（上/下）不同位置曲轴轴承宽度不同，如图137所示。

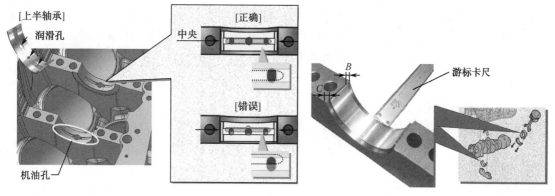

图 137　轴瓦正确安装

035　轴瓦选配

（1）根据轴径选配轴承。连杆轴颈和主轴颈的修理尺寸确定，每级以 0.25mm 递减，并在数值前面标以 "−" 号，表示轴颈缩小，如图 138 所示。要求轴承座孔的圆度和圆柱度误差不得超过 0.025mm。

（2）轴承的圆弧长度符合规定。轴承高出量一般为 0.03～0.05mm。轴承高出量的检验也可把轴承装入轴承孔中，按规定力矩拧紧两个轴承螺栓，然后再完全松开其中一个螺栓，用厚薄规检查轴承孔部分面的间隙，此间隙就是轴承高出量，如图 139 所示。连杆轴承高出量为 0.035～0.06mm。柴油机略大于汽油机。

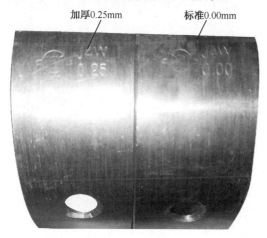

图 138　轴承尺寸

图 139　轴承高出量的检验

（3）经验法检查为：将轴承安装好，装上轴承盖，按规定力矩拧紧一端螺栓，在另一端轴承座与盖的平面插入厚度为 0.05mm 的垫片，当把该螺栓拧紧到 10～20N·m 时，垫片抽不出，说明轴承长度合适；如垫片抽得出，说明轴承过长；如果未加力时就抽不出垫片，说明轴承过短，应重新选配。

（4）定位凸点要完整，瓦背要光滑。轴承定位凸点是轴承在座孔内圆周方向和轴向的定位结构。凸点损坏失效后，将导致轴承走外圆。如凸点过低，可用尖铣铣出些许；若无法修复，应重新选配。轴承背面应光滑，无斑点，表面粗糙度 Ra 应不大于 1.25μm。

（5）弹性合适。新轴承的曲率半径应大于轴承座孔的半径，保证轴承压入座孔后，借轴承自身的弹力能与座孔贴合紧密。此外，轴承合金表面应无裂缝和砂眼。轴承合金与瓦背应有一定的结合强度，轻敲瓦背，应清脆而无嘶哑声音。

轴瓦常见故障如下：

1）轴瓦润滑不足

现象：当轴瓦由于缺少润滑油或润滑油被稀释失效时，轴瓦的运行表面变得光亮。如果完全没有润滑油，轴瓦与曲轴轴颈接触的光滑表面区域沿轴向的材料将剥落，如图 140 所示。

原因：轴瓦与曲轴之间润滑油不足或润滑油膜被稀释，轴瓦电镀层将会磨损。轴瓦电镀层磨损一般有以下原因：垂直间隙不足；润滑油稀释；发动机长时间低速运转。润滑油缺乏将导致轴瓦与曲轴轴颈相互撞击，由于抗摩擦材料的剥落使磨损加剧。润滑油缺少一般有以下原因：部分润滑油通道阻塞；选择的轴瓦尺寸过小；主轴瓦装反（下轴瓦反装为上轴瓦）；油泵或油压减压阀工作不良。

在选择新轴瓦时应测量曲轴轴颈尺寸，如果有必要应研磨曲轴颈部；检查油泵和减压阀的工作状况，如果有必要应修复或更换；检查轴瓦润滑油孔是否与缸体以及连杆的润滑油孔在一条线上；避免发动机长时间低速运转；定期检查润滑油内是否含燃油或冷却液等杂质。

图 140　轴瓦沿轴向
的材料剥落

2）气蚀

现象：轴瓦表面部分区域被腐蚀，一些腐蚀穿透轴瓦合金层而达到钢背，如图 141 所示。

原因：气蚀是低压油蒸气泡在轴瓦抗摩擦合金层上瞬间爆炸形成的。发动机工作中，加载在轴瓦上的载荷在强度和方向上迅速变化，导致轴瓦上的润滑油膜压力迅速改变。这种压力变化随转动次数的增加越来越高，使得轴瓦和曲轴颈部的变形也变大。曲轴润滑油孔润滑油流速过快，凹槽、窄沟和尖角等不连续的面引起的润滑油流速改变也会引起轴瓦腐蚀。轴瓦气蚀主要有以下四种情况：吸气引起的腐蚀，发生在曲轴运动之后；换气引起的腐蚀，发生在曲轴运动之前；气穴流动引起的腐蚀；气穴撞击引起的腐蚀。

根据发动机制造商的推荐使用黏度合适的润滑油；保持正确的润滑油油压；避免润滑油被污染；检查轴瓦装配间隙。

3）装配间隙过大

现象：轴瓦侧面边界部分的抗摩擦层合金变形或移位，引起微粒刮伤轴瓦表面，如图 142 所示。

原因：如果曲轴或曲轴颈部尺寸比推荐的最小值还小，而轴瓦内腔尺寸比推荐的最大值还大，则会导致润滑油间隙比允许的值大。间隙过大使得曲轴没有液态动力支撑，曲轴与轴瓦表面接触，引起轴瓦抗摩擦层熔化或表面变形，如图 142 所示。

图 141　气蚀

图 142　间隙过大造成轴瓦抗摩擦层熔化

检查轴瓦、连杆以及曲轴颈部的直径尺寸是否符合规定；按照规定的连杆螺栓扭矩，根据制造商的建议时间更换螺栓；保持发动机润滑油充足。

4）固体杂质侵入轴瓦表面

现象：外界杂质侵入轴瓦的抗摩擦合金层，导致合金层移位，轴瓦表面也会出现刮伤，如图 143 所示。

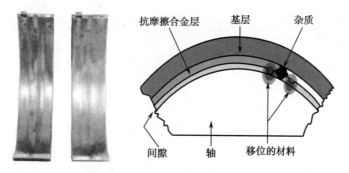

图 143　合金层移位且轴瓦刮伤

原因：润滑油中的灰尘、污垢、磨屑以及金属颗粒吸附在轴瓦表面上，使抗磨合金材料移位。这些合金材料或微粒到达曲轴上，引起局部摩擦，从而破坏了润滑油膜。在解体发动机的维修工作中，装机前或装机后，发动机各部件清洗不彻底，将会在发动机内部遗留杂质。金属元件磨损后也会使发动机各部件的工作环境恶化。

安装新轴瓦或进行其他发动机维修工作时，应仔细清洗各部件；如果有必要，研磨曲轴；按照规定的里程或时间间隔更换发动机油和滤清器，保持滤清器和曲轴箱的清洁。

036　轴瓦的刮削方法

刮配的目的是使各个轴瓦与轴颈之间具有良好的接触面和正常的配合间隙。新轴瓦和使用过的旧轴瓦的刮配方法基本相同。旧轴瓦表层合金已硬化，表面还可能镶嵌着较多硬粒杂质，所以，在刮配时要将表层的旧合金层刮去。通常只刮削巴氏合金轴瓦，具体刮配方法如下。

（1）将曲轴放在专用的支架上。

（2）在连杆轴颈表面涂上薄薄一层红丹油或其他有色涂料。将连杆按正确的位置和方向装配到轴颈上，均匀拧紧连杆螺栓，紧度以能转动连杆稍有阻力为好。

（3）转动连杆几圈后，松开螺栓，拆下连杆，观察轴瓦表面与轴颈的接触情况。若轴瓦染色不均匀且不均匀部位在两端部时，应将染有色迹的凸出部分刮去。

（4）在刮削的时候，通常以左手握住连杆盖或连杆，右手握住活塞环并持平，运用手腕的力量使活塞环由外向里刮配。刮削的要求是：刮削的方向应经常变换，第一次的方向应与轴瓦轴线成 30° 角，第二次的方向也与轴瓦轴线成 30° 角，但朝向另一边。在刮削过程中，活塞环一定要锋利，刮削的力量要适当，用力过大会产生波纹。要刮大留小、刮重留轻、重迹重刮、轻迹轻刮，起刀和落刀要准、轻、稳，如图 144 所示。

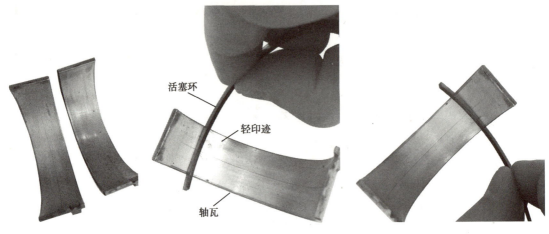

活塞环

轻印迹

轴瓦

图 144　轴瓦刮削

（5）刮配好的轴瓦要用细砂纸蘸机油擦拭一遍，使其表面光滑。

（6）刮配好的轴瓦与轴颈的接触面积应在 75% 以上且接触点要分布均匀，轴瓦的圆度和圆柱度应为 0.02～0.03mm，配合间隙应符合技术说明书规定的要求。

（7）经验法检查如图 145 所示，当单道主轴承的配合间隙符合标准时，曲轴的转动力矩小于 10N·m。连杆轴承的配合间隙符合标准值时，将连杆按规定装在轴颈上，然后用手甩动连杆小头，连杆应能转动 1.25～1.75 圈。

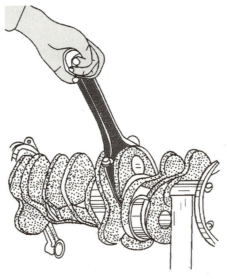

图 145　检查连杆轴承配合间隙

037 油底壳

　　新款大众发动机的油底壳用铝合金（AlSi12Cu）制成。其内部安装了机油泵并且额外地加强了曲轴箱的强度（底板效应）。油底壳上部件通过螺栓紧固在曲轴箱上并且两者之间涂敷了液体密封剂。油底壳下部件由薄钢板（深度拉伸、冲压并经表面催化处理）构成。其内部安装油位传感器 G266 和放油螺栓。油底壳下部件通过螺栓紧固到油底壳上部件，并且两者之间涂敷了液体密封剂。油底壳内集成了一个用聚胺材料制成的蜂窝状内芯，此内芯能够在车辆以运动方式行驶时防止机油形成漩涡，如图 146 所示。

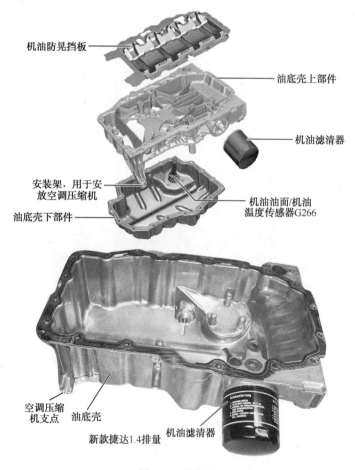

机油防晃挡板

油底壳上部件

机油滤清器

安装架，用于安放空调压缩机

机油油面/机油温度传感器 G266

油底壳下部件

空调压缩机支点　油底壳

新款捷达1.4排量

机油滤清器

图 146　油底壳

038 油底壳的拆卸与安装

1）拆卸

（1）排出发动机机油。

（2）将电插头从机油油位和机油温度传感器 G266 上脱开，如图 147 所示。

（3）按顺序 20→1 松开并拧出螺栓，如图 148 所示。

（4）取下油底壳，必要时用橡胶锤轻敲以使之松开。

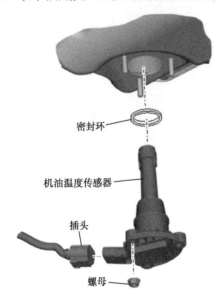

图 147　拆下机油温度传感器

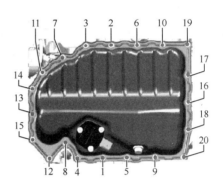

图 148　拆卸油底壳螺栓顺序

2）安装

（1）用密封剂清除剂冲洗密封面，去除密封剂。

（2）用平刮刀刮去油底壳上部件上的残留密封剂。

（3）去除油底壳下部件上的残留密封剂，例如用旋转式塑料刷清除，如图 149 所示。

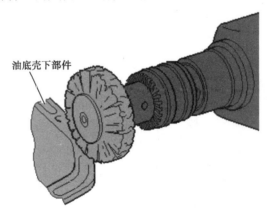

图 149　旋转式塑料刷清除残留密封剂

（4）清洁密封面，必须使其无油和无脂。

（5）在前部标记处切开管口（管口直径约 3mm），如图 150 所示。

（6）如图 151 所示，将硅胶密封剂涂敷到油底壳下部件的干净密封面上（密封剂带的厚度：2～3mm）。提示：油底壳必须在涂抹硅胶密封剂后 5min 内安装。

（7）按顺序 1→20 对角交叉分三步按如下方式拧紧螺栓：①用手拧紧螺栓；②用 15N·m 的力矩拧紧螺栓；③继续转动螺栓 90°。

（8）装配油底壳后必须让密封剂干燥约 30min，然后才能加注发动机机油。加注发动机机油并检查油位。

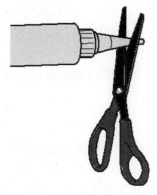

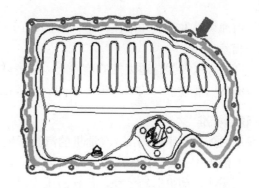

图 150　标记处切开管口　　　　　　图 151　硅胶密封剂涂敷到油底壳下部件

039　缸压检测

　　汽缸密封性是表征发动机技术状况的重要指标，其诊断参数主要有汽缸压缩压力、曲轴箱窜气量、汽缸漏气率、进气管真空度等。

　　汽缸缸压表是检测汽缸压缩压力的一种专用压力表，它一般由压力表头、导管、单向阀和接头等组成，如图 152 所示。发动机汽缸缸压表接头有两种。螺纹接头可以拧在火花塞孔内，螺纹接头一般配软导管；另一种锥形或阶梯橡胶接头，可以压紧在火花塞或喷油器的孔内，橡胶接头一般配硬导管。

图 152　汽缸缸压表

1）操作步骤

（1）测量汽缸压缩压力时，应将发动机运转至正常工作温度（水温 80～90℃）后熄火进行。

（2）拆卸发动机罩。

（3）拆卸和安装发动机罩。

（4）使用起拔器 T10094 A，拆下点火线圈。

（5）从保险丝架中取出燃油泵控制单元的保险丝。

（6）汽油机需要拆除全部火花塞，将节气门全开；柴油机需要拆除全部喷油器。然后把汽缸缸压表的锥形橡皮头扶正压紧在火花塞（喷油器）孔上用启动机转动曲轴 3～5s（转速应符合原厂规定）。待压力表指针指示并保持最大压力后停止转动，记录压力表指示的读数。按下单向阀按钮使压力表指针回零。按上述方法依次进行测量，每缸测量次数不少于两次，取平均值。

（7）汽油直喷发动机压缩压力值，新的：10～15bar 过压；磨损极限：7bar 过压；所有汽缸间允许相差：3bar。

（8）汽缸缸压表装有通大气的单向阀，在测试汽缸压力之后，单向阀关闭，使压力表指针位置保持不变以便读数。读数后按下单向阀使汽缸缸压表指针回零。

2）诊断标准

以发动机处在海平面为准，汽油机的汽缸压缩压力应符合原厂规定的范围或不低于原厂规定的标准值的10%；柴油机的汽缸压缩压力应符合原厂规定的范围或不低于原厂规定的标准值的20%。为保证发动机运转平稳，各缸的压力差汽油机应不超过其平均值的10%，柴油机应不超过其平均值的8%。

3）结果分析

如果测得的汽缸压缩压力超过原厂规定值，其原因一般为燃烧室内积炭过多、汽缸衬垫过薄或缸体与缸盖结合平面经多次修理磨削过甚所致。

如果测得的汽缸压缩压力低于原厂规定值，可向该缸火花塞（喷油器）孔内注入20～30ml新机油后再测量。

（1）如果第二次测出的压力比第一次高，接近标准压力，表明是汽缸、活塞环、活塞磨损过大或活塞环对口、卡死、断裂及缸壁拉伤等原因造成汽缸不密封。

（2）如果第二次测出的压力与第一次基本相同，即仍比标准压力低，则表明进、排气门或汽缸衬垫不密封。

（3）如果两次检测结果均表明某相邻两缸压力都相当低，说明是两缸相邻处的汽缸衬垫烧损窜气。

第 3 章

配气机构

040 配气机构组成

配气机构主要由气门组件和气门传动组件组成。其中气门组件由气门、气门座圈、气门导管、气门弹簧、气门弹簧座、气门锁片等组成;气门传动组件由凸轮轴驱动件(包括正时齿轮、正时链条、正时皮带)、凸轮轴、气门挺杆、摇臂及摇臂轴总成等组成,如图 153、图 154 所示。

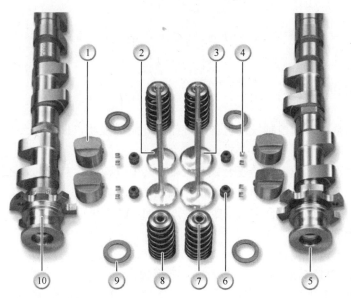

1—带有 HVA 的室式挺杆;2—排气门;3—进气门;4—气门锁夹;5—进气凸轮轴;

6—气门杆密封件;7—上部气门弹簧座;8—气门弹簧;

9—底部气门弹簧座;10—排气凸轮轴

图 153　气门组件

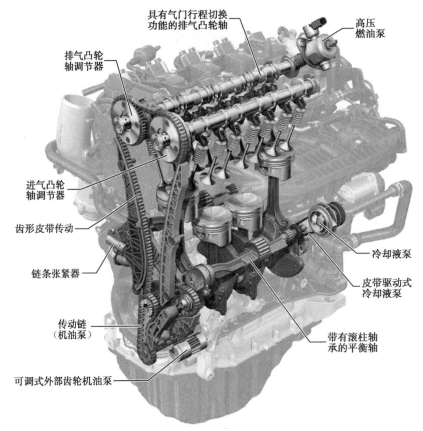

具有气门行程切换
功能的排气凸轮轴

高压
燃油泵

排气凸轮
轴调节器

进气凸轮
轴调节器

齿形皮带传动

链条张紧器

传动链
（机油泵）

可调式外部齿轮机油泵

冷却液泵

皮带驱动式
冷却液泵

带有滚柱轴
承的平衡轴

图 154　气门传动组件

041　复合式凸轴轮

　　凸轮轴的作用是驱动和控制发动机各缸气门的并启和关闭，使其符合发动机的工作顺序、配气相位及气门开度的变化规律等要求。

　　现在采用多种不同的技术制造复合式凸轮轴。其中一种是经典的轴毂连接方式，各个元件以结构连接方式或摩擦连接方式固定在轴上，如图155、图156所示。

　　此外，还可以通过热压配合方式固定组件，或加宽轴身以产生附着力。也可以通过焊接或钎焊方式固定各种部件。

　　这种凸轮轴具有以下优点：

　　（1）重量最多可减轻40%。这又会带来下列影响：

　　①降低耗油量；②改善振动特性；③改善噪声情况；④可以减轻其他系统组件的重量。

　　（2）可以组合使用不同材料。

　　（3）可以采用新的凸轮材料和结构。

　　（4）加工成本低。

　　凸轮形状：即凸轮横截面轮廓决定了气门行程曲线。气门行程曲线通常是确保整个转速范围内最佳汽缸进气的折中方案。

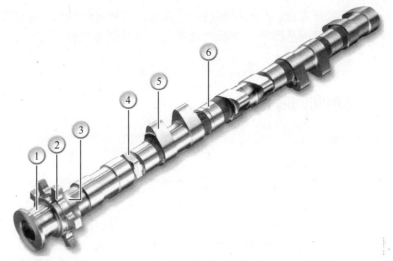

1—轴颈和用于轴向导向的止推面；2—凸轮轴传感器的参考基准；3—用于安装专用工具的双平面；
4—扳手宽度面；5—凸轮；6—轴颈

图 155　凸轮轴结构

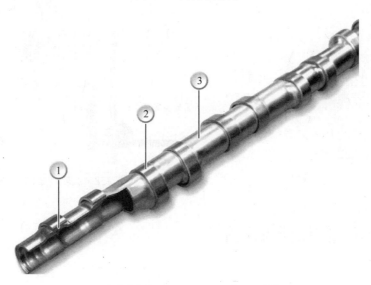

1—轴管的加宽部分；2—环形凸轮；3—轴管

图 156　凸轮内部剖开图

凸轮随动件沿凸轮轮廓随其一起移动，并将运动传至气门。

在基圆区域内时气门处于关闭状态。气门机构带有机械调节装置时，基圆和凸轮随动件之间存在间隙。接触到凸轮工作面时，气门开启或关闭。工作面倾斜度越大，气门开启或关闭的速度就越快。工作面也可呈曲线形状。具有直线工作面的凸轮也称作切线凸轮。

尤其是与滚子式气门压杆一起使用时，凸轮工作面呈中空形式（凹形），因此，使用了带有烧结凸轮的复合式凸轮轴。

只有使用无须修整的烧结凸轮，才能获得滚子式气门压杆所需的凹形工作面。而使用平顶桶状挺杆时，凸轮工作面呈凸曲线形式。这种凸轮也称作谐运动凸轮。

凸轮顶部是气门完全开启点。凸轮顶部越宽，气门开启时间就越长，但可能会产生一定弧度，凸轮随动件会因加速度而从凸轮上有弧度处抬起。从基圆至凸轮顶部的距离为凸轮行程，如图 157 所示。

042 凸轮轴的轴向间隙测量

（1）拆卸凸轮轴瓦盖。
（2）将用于检测的凸轮轴插入凸轮轴外壳中。
（3）将千分表用通用千分表支架固定在凸轮轴外壳上，如图 158 所示。
（4）用手将凸轮轴压向千分表。
（5）将千分表调到"0"。
（6）从千分表上推开凸轮轴，读取测量值，轴向间隙：0.100～0.191mm。

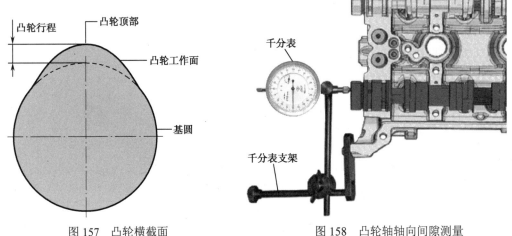

图 157　凸轮横截面　　　　　　　　图 158　凸轮轴轴向间隙测量

043 滚子式气门压杆或摇臂

压杆也是采用间接传动方式的气门机构部件，如图 159 所示。但是它不支撑在轴上，而是一端直接支撑在汽缸盖上或一个 HVA 元件上，另一端靠在气门上。凸轮轴的凸轮从上面压向压杆中部。压杆的惯性矩和刚度在很大程度上取决于压杆的结构形式。

短压杆的惯性矩较小，气门侧的质量也比桶状挺杆小。使用滚子式气门压杆时，凸轮运动通过一个滚动轴承滚子而非滑动面传递。与滑动面压杆或桶状挺杆气门机构相比，这种结构可减小摩擦功率，尤其是在对降低耗油量有较大影响的低转速范围内。但是，减小摩擦功率会明显降低针对凸轮轴扭转振动的减振作用，这对链条传动机构有影响。

044 液压气门间隙补偿器（HVA）

凸轮通过压杆开启气门时，还会通过球头对 HVA 元件内的活塞施加作用力。活塞通过压力室内的机油支撑在固定式压力缸内。

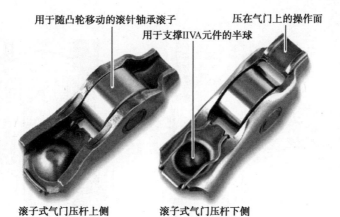

用于随凸轮移动的滚针轴承滚子　　　压在气门上的操作面

用于支撑IIVA元件的半球

滚子式气门压杆上侧　　　　**滚子式气门压杆下侧**

图 159　滚子式气门压杆或摇臂

由于在气门开启行程中从压力室向外挤出机油，因此气门关闭后凸轮和压杆之间就会存在间隙。弹簧可防止发生这种情况，它将活塞和球头向上推，从而使压杆始终靠在凸轮上。在此过程中压力室内由于体积增大而产生抽吸作用。阀球克服其弹簧的作用力离开球座，机油从储油室充入压力室内。压力室充满后，阀球就会封住压力室。

气门下次开启时重复上述过程。从技术角度来看，在元件内会进行机油小循环，结构如图 160 所示。

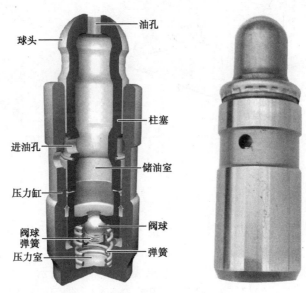

油孔

球头

柱塞

进油孔

储油室

压力缸

阀球

阀球
弹簧

弹簧

压力室

图 160　液压气门间隙补偿器结构

液压气门间隙补偿器更换发动机机油程序如下。

（1）使用 SST 将单向球压下，如图 161 所示。

（2）将液压气门间隙补偿器浸入干净的发动机机油中，使用 SST 压缩/放开柱塞 5～6 次，如图 162 所示。

（3）用手指压下柱塞检查是否密封严密，如果柱塞在 3 次压缩后仍能被压缩，则需要更换新的液压气门间隙补偿器，如图 163 所示。

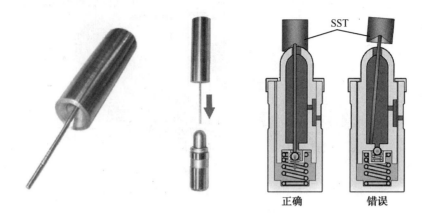

图 161　将单向球压下

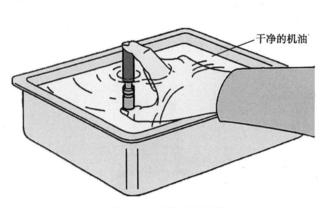

图 162　压缩/放开柱塞

图 163　检查是否密封严密

045　气门

　　气门导管的功用是对气门的运动导向，保证气门做直线往复运动，使气门与气门座或气门座圈能正确贴合。

　　气门与气门导管和气门弹簧共同构成一个总成，如图 164 所示。

　　气门主要分为单一金属气门、双金属气门和空心气门。气门的结构如图 165 所示。

　　单一金属气门由一种材料制成，通过锻造方式形成所需形状。

　　双金属气门的气门杆和气门头单独制造，最后通过摩擦焊接方式接合在一起。这种方法的优点是，可以分别为气门杆和气门头选择最合适的材料。双金属气门用于排气门，因为这种优点对其特别有利。可使用最适应高温条件的材料制造气门头，而采用很耐磨损的材料制造气门杆。

　　气门杆用于气门在气门导管内导向，气门杆从固定气门锁夹的凹槽处直至内圆角过渡处或刮油边处。为避免气门杆磨损，气门杆采用镀铬表面。

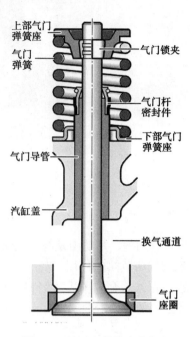

图 164　处于安装状态的气门

上部气门弹簧座
气门弹簧
气门导管
汽缸盖
气门锁夹
气门杆密封件
下部气门弹簧座
换气通道
气门座圈

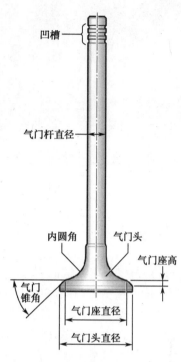

图 165　气门结构

凹槽
气门杆直径
内圆角
气门锥角
气门头
气门座高
气门座直径
气门头直径

如果气门杆端部带有用于气门自由转动的凹槽，则与气门锁夹接触的区域必须进行淬火处理，以免磨损。这些凹槽与气门锁夹形成结构连接，气门弹簧可支撑在该部位处。

空心气门用于排气门侧，以便降低内圆角和气门面附近的温度。为此气门该区域采用空腔结构，如图 166 所示。

为传导热量，气门杆空腔体积大约 60% 的部分填充有可自由移动的金属钠。钠在 97.5℃时熔化，并根据发动机转速在气门空腔内产生相应的"震动"作用。内圆角和气门头处产生的部分热量通过液态钠传至气门导管并进入冷却循环回路，从而显著降低气门温度。

空心气门可采用单一金属或双金属气门结构。

例如，一辆轿车行驶里程 10000km，出现冷车启动困难、怠速抖动的故障，在 4S 店没有找出故障原因。

我们考虑该车只行驶 10000km，发动机气门不可能损坏，积炭的可能性最大。用内窥镜检查，发现燃烧室及进气道积炭较多，如图 167 所示。建议车主使用可以溶解积炭的燃油添加剂除炭，如图 168 所示，使用一瓶燃油添加剂并行驶烧完一箱汽油后故障排除。

气门杆
空腔
气门头

图 166　空心气门

图167　气门积炭清洗前

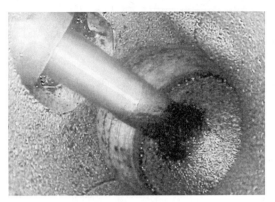

图168　气门积炭清洗后

046 气门座圈

　　进、排气道口与气门密封锥面直接贴合的部位称为气门座。其功用是与气门头部一起对汽缸起密封作用，同时接受气门头部传来的热量，起到对气门散热的作用。

　　铝汽缸盖和大多数铸铁汽缸盖均镶嵌由合金铸铁、粉末冶金或奥氏体钢制成的气门座圈，如图169所示。在汽缸盖上镶嵌气门座圈可以延长汽缸盖的使用寿命。也有一些铸铁汽缸盖不镶气门座圈，直接在汽缸盖上加工出气门座。

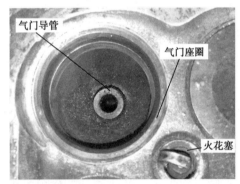

气门导管

气门座圈

火花塞

图169　气门座圈及安装位置

　　气门座圈是单独制成的零件，以一定的过盈压入汽缸盖上的座孔中，气门座圈的外圆面可以是圆柱面，也可以是锥角不超过12°的圆锥面。在气门座圈的外圆面上加工有环形槽，当气门座圈压入座孔后，汽缸盖材料由于塑性变形而嵌入环形槽内，可以防止气门座圈脱落。

　　气门座或气门座圈的锥角与气门锥角相适应。一般气门锥角比气门座锥角小0.5°～1°。其作用是使二者不以锥面的全宽接触，这样可以增加磨合，并能切断和挤出二者之间的任何积垢或积炭，保持锥面良好的密封性。但是，若在气门锥面上镀敷铬钴耐磨合金，气门座或气门座圈经过电感应法硬化处理后，气门与气门座圈则采用相等锥角。

　　气门座的镶换：当气门座有裂纹、松动、烧蚀或磨损严重时，或经多次加工修理，使新气门装入后，气门头部顶平面仍低于汽缸盖燃烧室平面2mm以上，则应镶换新的气门座。

　　（1）拆卸旧气门座。注意，不要损伤气门座承孔。

　　（2）选择新气门座。用外径千分尺测量气门座外径，用内径量表测量气门座承孔内径，并根据气门座和缸盖承孔的材质选择合适过盈量（一般在 0.07～0.17mm）。

（3）气门座的镶换。将检查合格的新气门座进行冷却，时间不少于 10min，同时加热气门座承孔，然后在气门座外侧涂上一层密封胶，将气门座压入承孔中。

047 气门座铰销

1）铰刀类型

常用的气门铰刀一般为 15°、30°、45°、75°四种规格。每种规格有直径不同的铰刀数只，以适应不同直径尺寸的气门头部需要。且有粗、精铰刀之分，粗铰刀在刃上有锯齿状缺口。

75°为铰削气门座上平面角，以使气门头部下沉量符合 0.50～1.0mm，并使气门工作斜面下移，铰后的切削面与平面夹角为 15°；30°或 45°铰刀为气门工作面铰刀，根据气门工作角度选用一种；15°铰刀起扩大气门座孔内径的作用，使气门工作面斜面上移，如图 170 所示。

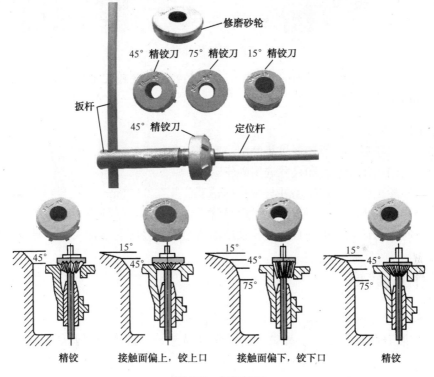

图 170　气门铰刀

2）操作过程

（1）根据气门导管内径选择铰刀导杆，导杆以能轻易插入气门导管内，无旷动量为宜。导杆插入气门导管内部分有的加工成约 0.25mm 的锥形，以保证气门座工作锥在轴线与导管轴线重合。

（2）把砂布垫在铰刀下，磨除座口硬化层，以防止铰刀打滑和延长铰刀使用寿命。

（3）用与气门锥角相对应的精铰刀铰削工作锥面，直到凹陷、斑点全部去除并形成 2.5mm以上的完整锥面为止。铰削时两手用力要均衡并保持顺时针方向转动。

（4）气门座和气门的选配，一般是新气门座用旧气门，旧气门座配新气门。用相配的气门进行涂色试配，查看印迹。接触环带应在气门和斜面的中部靠里位置，若过上过下，可用15°或75°铰刀铰削。接触面宽度一般进气门为1.0～2.0mm，排气门为1.5～2.0mm，如图171所示。

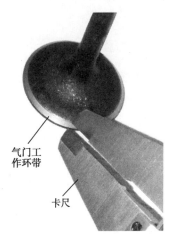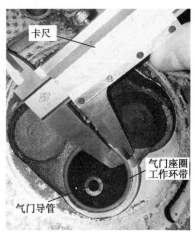

图171　接触环带测量

（5）最后用与工作面角度相同的细刃铰刀进行精铰，并在铰刀下垫细砂布磨修，以降低气门座口表面粗糙度。

3）气门座磨削

气门座铰削完毕后，一般还要进行磨削，磨削工艺如下。

（1）根据气门王作面锥度和尺寸选用砂轮。

（2）修磨砂轮工作面达到平整并与轴孔同轴度公差在0.025mm之内。

（3）选择合适的走心导杆，卡紧在气门导管内，磨削时，导杆应不转动。

（4）光磨时应保证光磨机正直，并轻轻施加压力，光磨时间不宜太长，要边磨边检查。

048　气门的研磨

气门工作面经光磨或更换新的气门座经过磨削后，为使它们达到密合，还需要相互研磨。气门的研磨有两种方法，一种是手工操作，另一种是使用气门研磨机进行，如图172所示。

1）机器研磨

（1）研磨前应先用汽油清洗气门、气门座和气门导管，将气门按顺序排列或在气门头部打上记号，以免气门位置错乱。

（2）在已配好的气门工作面涂上一层薄薄的粗研磨砂，在气门杆部涂上机油并装入气门导管内，调整各转轴，对正气门座孔。

（3）连接好研磨装置，调整气门升程，进行研磨。一般研磨10～15min即可。研磨好的工作面应成为一条光泽完整的圆环，如图173所示。

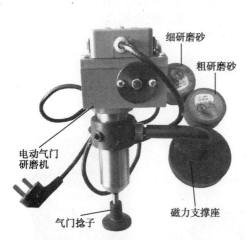

图 172　电动研磨机与粗细研磨砂　　　　图 173　连接好研磨装置

（4）当气门工作面与气门座工作面磨出一条较完整且无斑痕的接触环带时，可以将粗研磨砂洗去，换用细研磨砂，继续研磨。当工作面出现一条整齐的灰色环带时，再洗去细研磨砂，涂上润滑油，继续研磨几分钟即可。

2）气门的密封性检查

气门和气门座经过修理后，都要进行密封性检查，其方法如下。

（1）画线法。

① 检查前将气门及气门座清洗干净，在气门工作面上用软铅笔沿径向均匀地画上若干条线。

② 与相配气门座接触，略压紧并转动气门 45°～90°，取出气门，查看铅笔线条。如铅笔线条均被切断，如图 174 所示，则表示密封良好，否则，应重新研磨。

（2）拍击法。将气门与相配气门座轻轻敲击几次，查看接触带，如有明亮的连续光环，即为合格。

（3）涂红丹油。在气门工作面上涂抹一层轴承蓝或红丹油，然后用橡皮捻子吸住气门在气门座上旋转 1/4 圈，再将气门提起，若轴承蓝或红丹布满气门座工作面一周而无间断，又十分整齐，即表示密封良好。

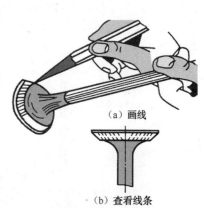

（a）画线

（b）查看线条

图 174　铅笔画线检查

（4）渗油法。可用煤油或汽油浇在气门顶面上，5min 内观察气门与座接触处是否有渗漏现象，如无渗漏即为合格。

049 气门导管

气门导管的功用是对气门的运动进行导向，保证气门做直线往复运动，使气门与气门座或气门座圈能正确贴合。此外，还将气门杆接受的热量部分地传给汽缸盖。

当气门杆在导管中运动时，温度可高达约 500K，润滑也仅靠配气机构飞溅出来的机油进行，因此气门导管易磨损。为了改善气门导管的润滑性能，气门导管一般用含石墨较多的铸铁或粉末冶金制成，以提高自润滑性能。在以一定的过盈将气门导管压入汽缸盖上的气门导管座孔之后，再精铰气门导管孔，以保证气门导管与气门杆的正确配合间隙。

一般气门导管上端孔口有倒角，以减少进入导管孔内的机油量，如图 175 所示。排气门导管下端孔加工有排渣槽，以便刮除排气门杆上的沉积物或积炭。有的气门导管在外圆面上加工有卡环槽，嵌入卡环，防止气门导管工作时松落。

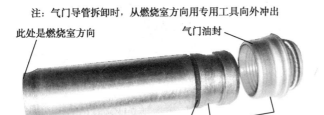

图 175　气门导管结构

气门杆与气门导管孔需要润滑，但进入气门导管孔内的机油又不能太多，否则将使机油消耗量增加。为了控制和减少机油的消耗量，现在汽车装有气门油封。

气门导管的拆卸是从燃烧室方向向外用专用工具冲出，安装是从缸盖上端向燃烧室方向用专用工具冲入或压入。

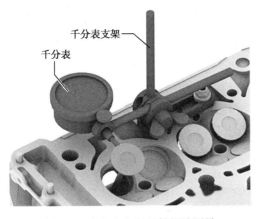

图 176　气门与气门导管间隙测量

050 气门与气门导管间隙检测

（1）如图 176 所示，将千分表和通用千分表支架固定在汽缸盖上。

（2）把气门插入气门导管内。气门杆末端必须和气门导管齐平。

（3）确定旷摆间隙。磨损极限为 0.8mm。

（4）如果超过磨损极限，用新气门重复测量。

（5）如果仍旧超过磨损极限，更换汽缸盖。提示：气门导管不能更换。

051　气门弹簧

　　气门弹簧的功用是保证气门关闭时能紧密得与气门座或气门座圈贴合，并克服在气门开启时配气机构产生的惯性力，使传动件始终受凸轮控制而不相互脱离。

　　气门弹簧一般为等螺距圆柱形螺旋弹簧，如图 177 所示。当气门弹簧的工作频率与其固有的振动频率相等或为整数倍时，气门弹簧就会发生共振。共振时将使配气定时受到破坏，使气门发生反跳和冲击，甚至使弹簧折断。为防止共振的发生，可采取下列结构措施。

变螺距气门弹簧　　　　双气门弹簧　　　　锥形气门弹簧　　　　新款捷达的气门弹簧

内弹簧
外弹簧

小直径侧指向气门弹簧座
大直径侧指向汽缸盖

图 177　气门弹簧

　　（1）采用双气门弹簧。在柴油机和高性能汽油机上广泛采用每个气门安装两个直径不同，旋向相反的内、外弹簧。由于两个弹簧的固有频率不同，当一个弹簧发生共振时，另一个弹簧能起到阻尼减振作用。采用双气门弹簧可以减小气门弹簧的高度，而且当一个弹簧折断时，另一个弹簧仍可维持气门工作。弹簧旋向相反，可以防止折断的弹簧卡入另一个弹簧圈内使其不能工作或损坏。

　　（2）采用变螺距气门弹簧，高性能汽油机采用变螺距单气门弹簧。变螺距弹簧的固有频率不是定值，从而可以避开共振。

　　（3）采用锥形气门弹簧。锥形气门弹簧的刚度和固有振动频率沿弹簧轴线方向是变化的，因此可以消除发生共振的可能性。

　　安装变螺距气门弹簧和锥形气门弹簧时，应该使螺距小的一端和锥形大端朝向不动的汽缸盖顶面。

052　气门油封拆装

1）拆卸

（1）在装有汽缸盖的情况下拆卸气门室盖。

（2）取出滚子摇臂并将其放置在干净的垫板上，同时注意滚子摇臂不要混淆。

（3）用火花塞扳手 3122 B 旋下火花塞。

（4）拧出固定螺栓 T10340 将相应汽缸的活塞置于"下止点"处，如图 178 所示。

（5）安装气门弹簧工具 3362 气动及压块 3362/1，如图 179、图 180 所示。

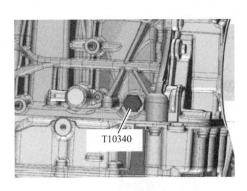

图 178　拧出固定螺栓 T10340

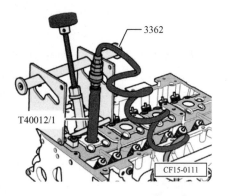

图 179　气动安装气门弹簧工具

（6）将适配器 T40012 旋入火花塞螺纹中。

（7）把压力软管与至少 6bar 的压缩空气装置连接并拆下气门弹簧。

（8）用气门杆钳 VAS 6770 拔出气门杆密封圈，如图 181 所示。

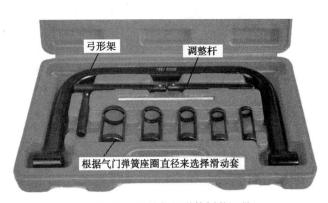

图 180　手动气门弹簧拆装工具

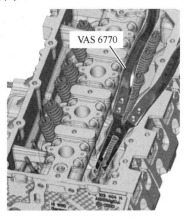

图 181　拆下气门油封

2）安装

（1）将随带的塑料套筒插到相应的气门杆上，这样可以避免损坏新的气门杆密封环。

（2）将新的气门杆密封圈 B 装入气门杆密封圈安装工具 3365 中，如图 182 所示。注：也可用气门油封专用工具，如图 183 所示。

（3）给气门杆密封圈密封唇涂上油并小心地按压到气门导管上。

（4）装凸轮轴箱。

（5）调整配气相位并安装火花塞。

053　气门间隙调整

（1）拆下气门室盖，旋转曲轴皮带轮确定第 1 缸处于压缩上止点位置。转动曲轴皮带轮对正标记，即说明第 1 缸处于上止点位置；至于是否是压缩上止点，还需用辅助方法判断，如观察分气门状态、顶置凸轮轴发动机的凸轮位置等。

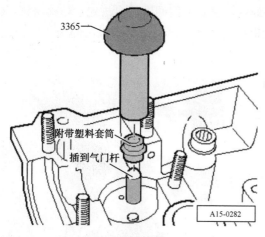

图 182　将新的密封圈装入气门杆

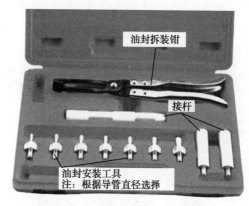

图 183　气门油封拆装工具

（2）按"双排不进"的规律快速确定可调气门。以直列发动机（点火顺序为 1→5→3→6→2→4）为例，根据该发动机的做功循环表可知，当第 1 缸处于压缩上止点时，第 5 缸处于压缩行程初始阶段，第 3 缸处于进气行程，第 6 缸处于排气上止点位置，第 2 缸处于排气行程，第 4 缸处于做功行程后期，再由检查与调整气门间隙的基本原则可确定：第 1 缸的"双"气门可调，第 5 缸和第 3 缸的"排"气门可调，第 6 缸的两气门均"不"可调，第 2 缸和第 4 缸的"进"气门可调。

（3）再旋转曲轴一圈按"不进双排"的规律快速确定可调气门。第 1 缸两气门均"不"可调，第 5 缸和第 3 缸的"进"气门可调，第 6 缸处于压缩上止点时，第 6 缸的"双"气门可调，第 2 缸和第 4 缸的"排"气门可调，多缸发动机可调气门规律如表 2 所示。

表 2　发动机气门间隙调整规律

发动机类型	活塞处于上止点的汽缸	可调气门对应汽缸				点火顺序	汽缸由前至后排列序号
		双	排	不	进		
直列三缸	1缸压缩上止点	1	2	—	3	1→2→3	1→2→3
	1缸排气上止点	—	3	1	2		
直列四缸	1缸压缩上止点	1	3	4	2	1→3→4→2	1→2→3→4
	4缸压缩上止点	4	2	1	3		
直列五缸	1缸压缩上止点	1	2	4、5	3	1→2→4→5→3	1→2→3→4→5
	1缸排气上止点	4、5	3	1	2		
直列六缸	1缸压缩上止点	1	5、3	6	2、4	1→5→3→6→2→4	1→2→3→4→5→6
	6缸压缩上止点	6	2、4	1	5、3		
V形六缸	1缸压缩上止点	1	6、5	4	3、2	1→6→5→4→3→2	左：1→3→5
	4缸压缩上止点	4	3、2	1	6、5		右：2→4→6
V形八缸	1缸压缩上止点	1	5、4、2	6	3、7、8	1→5→4→2→6→3→7→8	左：1→2→3→4
	6缸压缩上止点	6	3、7、8	1	5、4、2		右：5→6→7→8

（4）对可调气门的气门间隙进行检查与调整。多数发动机的气门间隙都是用装在摇臂上的调整螺钉来调整，如图 184 所示，将与规定气门间隙相等的塞尺插入可调气门的气门间隙中，

用手前、后移动塞尺，如能感到有适当的阻力，说明气门间隙符合标准。若移动塞尺时，感觉无阻力或阻力过大，应松开锁紧螺母，转动调整螺钉，直到气门间隙符合规定后，再将锁紧螺母拧紧。有些无摇臂总成的发动机，可通过改变挺杆内的垫片厚度来调整气门间隙。

图 184　调整气门间隙

054　大众、奥迪自动调整的滚子摇臂 RSH

RSH 实为 Rollen Schlepphebel 的缩写，代表的含义正是"滚子摇臂"技术，而这项隶属于气门总成，并用于实现凸轮轴间接驱动进排气门的装置，则同样应用于大众的 1.4TSI 引擎之上。除大众以外，该项技术也被其他汽车厂商广泛运用，凭借的便是其颇为先进的技术特点，其技术含量低于液压挺柱。

1）滚子摇臂组成

由一个具有杠杆作用的钢板型材和一个带有滚珠轴承的凸轮滚柱组成，其一端被固定在液压挺柱之上，一端则定位于气门之上，当凸轮轴通过"滚子"对摇臂施加作用力后，由摇臂完成对进、排气门的驱动，如图 185 所示。

采用液压技术，既可消除凸轮与摇臂之间的间隙，又能通过飞溅油液对凸轮与摇臂接触的部位加以润滑，因此在一定程度上减小了配气机构的摩擦损失，并使发动机噪声降低，同时减小了运动惯量，使驱动凸轮轴消耗的发动机功率减小，运行更加平稳、经济。

2）液压元件组成

液压元件由一个柱塞、一个液压缸、一个柱塞弹簧组成，如图 186 所示。液压元件的油道与发动机的润滑油道相连通。一个小球和下油室中的压缩弹簧构成一个单向阀。

3）工作过程

（1）间隙调整。当存在气门间隙时，柱塞由柱塞弹簧从汽缸中压出。直到滚轮贴到凸轮之上，在柱塞被压出时，下油室中的油压减小，单向阀打开，机油进入。当下油室和上油室之间的压力达到平衡时，单向阀被关闭，如图 187 所示。

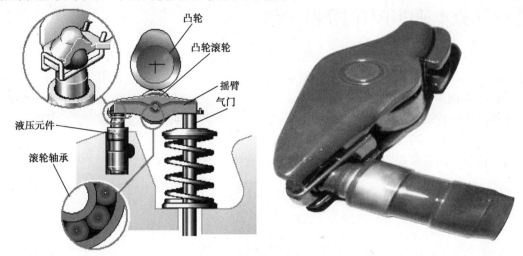

图 185 自动调整滚子摇臂结构

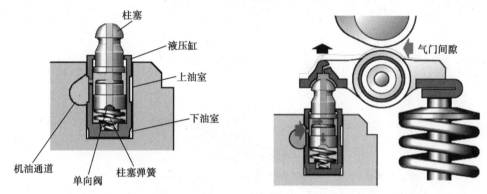

图 186 液压元件的结构　　　　　　　图 187 间隙调整

（2）气门升程。当凸轮紧贴滚轮时，下油室中的压力上升，由于封闭的机油不可压缩，柱塞无法被继续压入液压缸。此时间隙调节器的作用如同一个刚性元件，支撑滚轮摇臂，使相应的气门打开，如图 188 所示。

（3）润滑。润滑由间隙调节器中的润滑油道来完成，润滑油通过滚轮摇臂中的一个孔喷到滚轮表面，如图 189 所示。

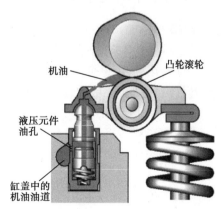

图 188 气门升程　　　　　　　　　　　图 189 间隙的润滑

055 大众奥迪电子气门升程 AVS

德国公司对 V 型发动机进行改进,推出了最新的奥迪气门升程系统(Audi Valvelift System,简称 AVS),从而大大降低了油耗（可降低 7%）。新款大众直喷车型也采用此气门升程系统。AVS 系统与本田可变气门 I-VTEC 系统相似。

通过排气凸轮轴上的电子气门升程切换以及进气和排气凸轮轴上的可变气门正时,实现了对每个汽缸气体交换的优化控制。较小的凸轮轮廓仅用于低转速。何时使用凸轮轮廓以及使用哪个凸轮轮廓,均存储在图谱中。其气门升程的变化如图 190 所示。

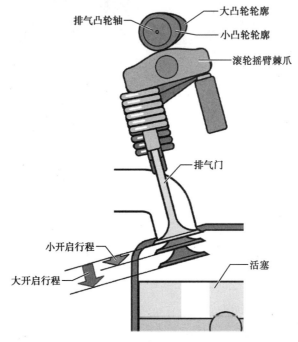

图 190 气门升程的变化

此功能有以下好处:①优化气体交换;②防止废气回流到之前的 180° 排汽缸;③入口打开时间更早,填充程度更佳;④通过燃烧室内的正压差减少余气;⑤提升响应性;⑥在较低转速和较高增压压力下达到更高的扭矩。

1）AVS 结构

为了在排气凸轮轴上两个不同的气门升程之间相互切换,此凸轮轴有 4 个可移动的凸轮件（带有内花键）。每个凸轮件上都装有两对凸轮,其凸轮升程是不同的。通过电执行器对两种升程进行切换。电执行器接合每个凸轮件上的滑动槽,并移动凸轮轴上的凸轮件,如图 191 所示。这表明,每个凸轮件有两个执行器用于在两种升程之间来回切换。凸轮轴中的弹簧加载式球体将凸轮件锁定在其各自的端部位置。凸轮轴的滑动槽和轴向推力轴承会限制凸轮件的移动。因为设计包含了凸轮轴上的一对凸轮,所以滚轮摇臂棘爪的接触面更窄小。

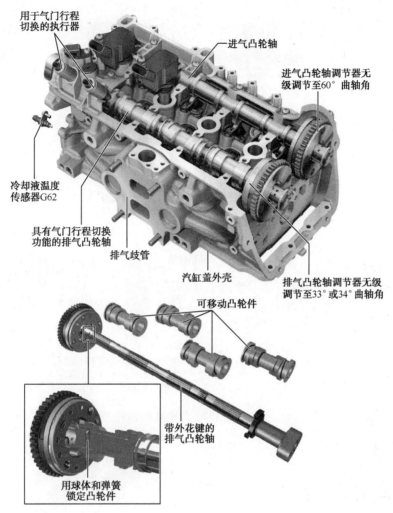

用于气门行程切换的执行器

进气凸轮轴

进气凸轮轴调节器无级调节至60°曲轴角

冷却液温度传感器G62

具有气门行程切换功能的排气凸轮轴

排气歧管

汽缸盖外壳

排气凸轮轴调节器无级调节至33°或34°曲轴角

可移动凸轮件

带外花键的排气凸轮轴

用球体和弹簧锁定凸轮件

图 191　AVS 的结构

2）凸轮块

用于气门升程切换的执行器，在两个电执行器（汽缸 1～4 的排气凸轮执行器 A/B）的辅助下，每个凸轮件在排气凸轮轴上在两个切换位置之间被来回推动，如图 192 所示。每个汽缸的一个执行器切换到更大的气门升程，另一个执行器切换到更小的气门升程。每个执行器由发动机控制单元 J623 的接地信号启动，通过主继电器 J271 提供电压。执行器的电流消耗约为 3A。

3）气门升程调节执行元件

设计每个执行器（汽缸 1～4 的排气凸轮执行器 A/B）都包含一个电磁线圈，如图 193 所示。金属销通过导管向下移动。在收缩位置和伸展位置，金属销通过一个永磁铁被固定在执行器壳体中的相应位置。

功能：当电流通过执行器电磁线圈时，金属销在 18～22ms 中被移动。伸展的金属销接合到排气凸轮轴上凸轮件的相关滑动槽中，并通过凸轮轴旋转推动滑动槽到相应的切换位置。销通过机械方式在滑动槽（相当于一个复位斜面）的作用下缩进去。凸轮件的两个执行器被启动时，总是只有一个执行器上的金属销移动，如图 194 所示。

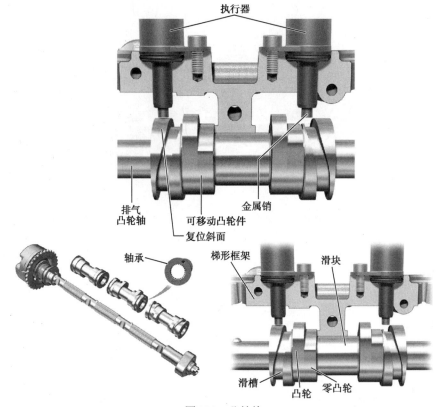

图 192 凸轮块

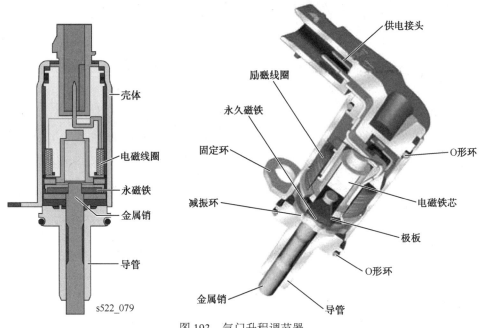

s522_079

图 193 气门升程调节器

　　发动机控制单元根据重置信号得知金属销的当前位置。当复位斜面推动执行器的金属销回到元件的导管中时，生成一个重置信号。发动机管理系统可根据哪个执行器发出重置信号来确定相关滑动装置的当前位置，如图195所示。

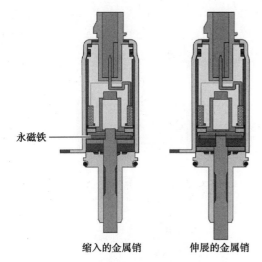

永磁铁

缩入的金属销　　伸展的金属销

图 194　执行器工作原理图

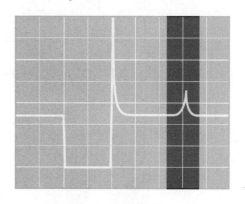

图 195　重置信号

4）气门切换工作原理

（1）低发动机转速范围下的凸轮轴位置切换如图 196 所示。

为了使这个负载范围内的气体交换性能更佳，发动机管理系统通过凸轮轴调节器将进气凸轮轴提前，将排气凸轮轴延迟。气门升程切换至更小的排气凸轮轮廓，而且右侧执行器移动金属销。它接合滑动槽，并将凸轮件移至小凸轮轮廓，如图 197 所示。

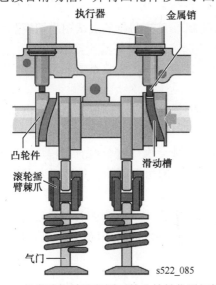

执行器　　金属销

凸轮件　　滑动槽

滚轮摇臂棘爪

气门

s522_085

图 196　低发动机转速范围下的凸轮轴位置切换

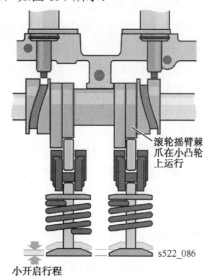

滚轮摇臂棘爪在小凸轮上运行

小开启行程

s522_086

图 197　气门沿着较小的气门轮廓工作

气门现在沿着较小的气门轮廓上下移动。两个小凸轮的位置在某种程度上是交错的，确保汽缸两个排气门的开启时间是错开的。这两项措施会导致在废气从活塞中排到涡轮增压器中时，废气气流的脉动减小，从而可在低转速范围达到较高的增压压力。

（2）部分负载和全负载下的凸轮轴位置切换如图 198 所示。

驾驶员加速，并从部分负载改变为全负载，汽缸内的气体交换必须适应更高的性能需求。发动机管理系统通过凸轮轴调节器将进气凸轮轴提前，将排气凸轮轴延迟。为达到最佳的汽缸填充性能，排气门需要最大的气门升程。为了实现此目的，左执行器被启动，由左执行器移动其金属销，如图 199 所示。

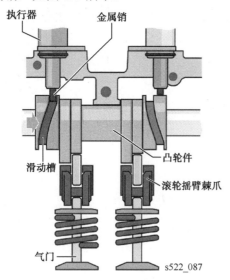
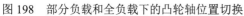

图 198　部分负载和全负载下的凸轮轴位置切换

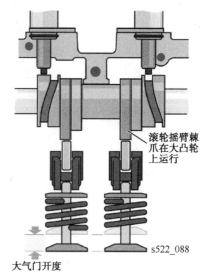

图 199　凸轮件移向大凸轮

金属销通过滑动槽将凸轮件移向大凸轮，排气门现在以最小的升程打开和关闭。凸轮件也通过凸轮轴中的弹簧加载式球体被固定在此位置。

5）出现故障时系统的表现

如果一个或多个执行元件失效了，那么发动机控制单元首先会多次试图去切换到另一个凸轮轮廓形状。如果无法实现这个调整，那么这个无法调节的凸轮件就保持原位。

所有其他的凸轮件都会切换到较大的凸轮轮廓上，在发动机的整个工作过程中，这些凸轮件都保持在这个位置上。

针对出故障的执行元件，会有一个相应的故障记录。在下次启动发动机时，仍会试图调整所有的凸轮件。

需要检查和评估两个切换状态。每次发动机启动后都会执行这个检查过程。如果该系统失效了，会有一个相应的故障记录。根据故障的性质，敏感的司机可能会觉察出发动机怠速有轻微抖动或者在加速时发动机的响应特性发生了变化。

由于该系统出故障时废气排放情况并未变差，且也未出现真正影响行驶性能方面的缺陷，所以电子油门故障指示灯 K132 和废气警告指示灯 K83 都不会亮起，但是会有相应的故障记录。

6）AVS 系统两级气门升程系统实现

在发动机高负载的情况下，AVS 系统动作将凸轮向右推动 7mm，使角度较大的凸轮得以推动气门顶杆；在此情况下，气门升程可达到 11mm，以提供燃烧室最佳的进气流量和进气流速，实现更加强劲的动力输出，如图 200 所示。而在发动机低负载的情况，为了追求发动机节油性能，此时 AVS 系统则将凸轮推至左侧，以角度较小的凸轮推动气门顶杆。此时气门升程可在 2～5.7mm 之间进行调整，由于采用不对称的进气升程设计，因此空气以螺旋方式进入燃烧室；再搭配特殊外廓的燃烧室和活塞头设计，可让汽缸内的油气混合状态进一步优化。奥迪 AVS 可变气门升程系统可以在 700～4000r/min 转速之间工作，AVS 系统的最大优点在于可降低7%的油耗。特别是以中转速域进行定速巡航时，AVS 系统的节油效果最为明显。在 AVS 系统的辅助下，汽缸的进气流量控制程度较以往更为精准。一般发动机仅由节气门来控制进气流量，在低负载的情况下，节气门不完全开启所形成的空气阻力，往往会造成不必要的损失。而应用 AVS 系统后，即便在低负载的情况下，节气门也能维持全开，由 AVS 系统精确控制进气流量。

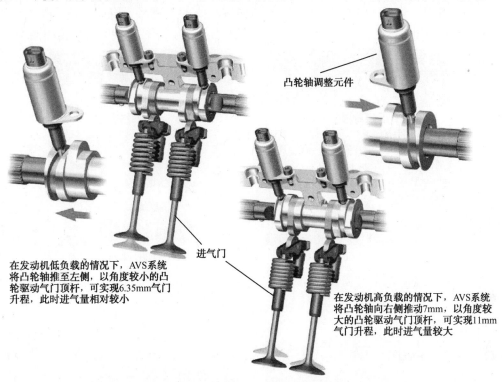

凸轮轴调整元件

进气门

在发动机低负载的情况下，AVS 系统将凸轮轴推至左侧，以角度较小的凸轮驱动气门顶杆，可实现6.35mm气门升程，此时进气量相对较小

在发动机高负载的情况下，AVS 系统将凸轮轴向右侧推动7mm，以角度较大的凸轮驱动气门顶杆，可实现11mm气门升程，此时进气量较大

图 200　AVS 系统两级气门升程系统实现

056　本田可变汽缸

本田汽车的 3.5L V6 发动机具有 VCM 可变缸发动机技术，在不同行驶状态下可实现 3、4、6 缸切换工作（3.0L 只能在 3、6 缸切换）。在车辆起步、加速或爬坡等任何需要大功率输出的情况下，该发动机将会把全部 6 个汽缸投入工作。在中速巡航和低发动机负荷工况下，系统仅将运转一个汽缸组，即 3 个汽缸。在中等加速、高速巡航和缓坡行驶时，发动机将会运转 4 个汽缸。

借助三种工作模式，VCM 系统能够细致地确定发动机的工作排量，使其随时与行车要求保持一致。由于系统会自动关闭非工作缸的进气门和排气门，所以可避免与进、排气相关的吸排损失，并进一步提高燃油经济性。VCM 系统综合实现了最高的性能和最高的燃油经济性，这两种特性在常规发动机上通常无法共存。VCM 通过 VTEC 系统关闭进、排气门，以中止特定汽缸的工作，与此同时，由动力传动系统控制模块切断这些汽缸的燃油供给。在 3 缸工作模式下，后排汽缸组被停止工作。在 4 缸工作模式下，前排汽缸组的左侧和中间汽缸正常工作，后排汽缸组的右侧和中间汽缸正常工作。非工作缸的火花塞会继续点火，以尽量降低火花塞的温度损失，防止汽缸重新投入工作时因不完全燃烧造成火花塞油污。该系统采用电子控制，并采用专用的一体式滑阀，这些滑阀与缸盖内的摇臂轴支架一样起着双重作用。根据系统电子控制装置发出的指令，滑阀会有选择地将油压导向特定汽缸的摇臂。然后，该油压会推动同步活塞，实现摇臂的连接和断开。

为了使汽缸启用或停用时的过渡能够平稳进行，系统会调整点火正时、线控节气门的开度，并相应地启用或解除变矩器锁定。最终，3 缸、4 缸和 6 缸工作模式间的过渡会在驾驶员觉察不到的状态下完成，如图 201～图 205 所示。当车辆进入城市慢驶、怠速运转，或者低负荷行驶时，VCM 则关闭一侧 3 个汽缸，这样引擎仅以另 3 个汽缸运转，实际排量仅相当于 1.75L。

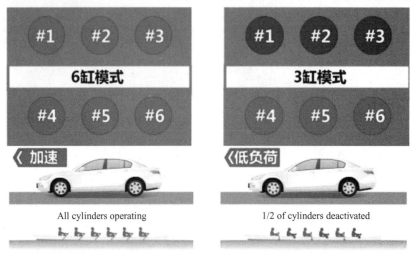

图 201　3 缸和 6 缸之间改变工作状态

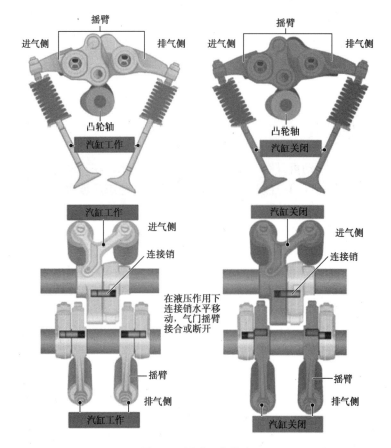

图 202　摇臂工作状态

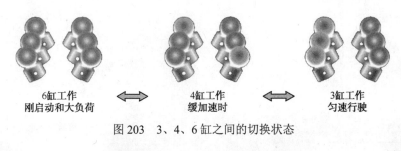

6缸工作　　　　　　4缸工作　　　　　　3缸工作
刚启动和大负荷　　　缓加速时　　　　　匀速行驶

图 203　3、4、6 缸之间的切换状态

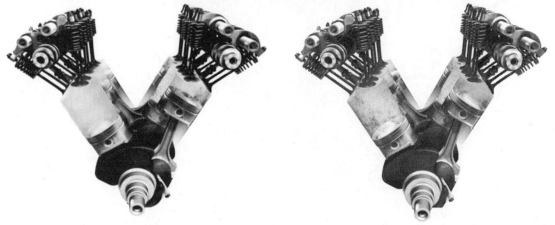

图 204　3 缸工作　　　　　　　　　　图 205　4 缸工作

057 奥迪可变汽缸

　　奥迪 4.0 大排量的汽油发动机大多数情况下都是工作在较低负荷区，因此节流损失就很大了，因为节气门的开度较小。这就导致发动机效率很低且单位燃油消耗很不理想。

　　在高负荷时，一台无节流损失的 4 缸发动机的单位燃油消耗比一台有节流损失的 8 缸发动机要低。这就是要采用汽缸关闭（也叫按需停缸）的根本原因。

　　因此，汽缸关闭的基本要求是：被关闭汽缸的气体交换阀必须保持关闭状态。否则，过多的空气就会进入排气装置内，发动机快速冷却下来。

　　关闭 4 个汽缸，由于减小了点火频率，8 缸发动机的运行平稳性就下降了。此外，汽缸的关闭和接通应尽可能让人感觉舒适（避免出现负荷波动），奥迪气门关闭结构如图 206 所示。

1）工作原理

　　汽缸关闭是使用奥迪公司开发的可变气门升程系统（AVS）来实现的。根据点火顺序，总是将 2、3、5 和 8 缸关闭。在汽缸关闭时，换气阀保持关闭状态，同时仪表会显示关闭汽缸提示，如图 207 所示。

　　在此期间，喷射系统和点火系统也一直是关闭着的。在汽缸关闭期间，点火和燃烧后，排气阀是关闭着的，废气就被"包围在里面了"。

　　被关闭的汽缸起着空气弹簧作用，已被关闭的汽缸内的温度保持在一个较高水平。

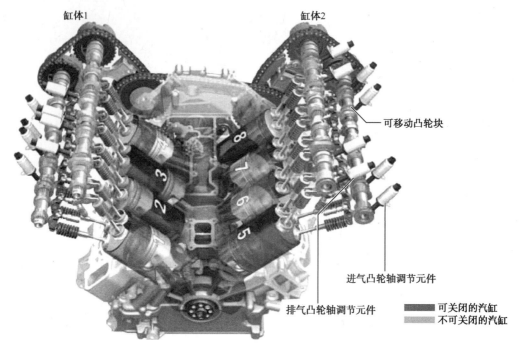

图 206 奥迪气门关闭结构

组合仪表上汽缸关闭功能已激活的提示

图 207 汽缸关闭提示

发动机可能出现振动，但是这个振动会被新开发的"主动式发动机悬置"基本吸收了。为了能在激活汽缸关闭功能时不让乘员感觉到有不适的噪声，就采用了新开发的主动噪声控制（ANC）系统。

2）4缸模式的使用条件

①发动机转速不能处于怠速水平（运行平稳的要求）；②发动机转速在 960～3500r/min 之间；③机油温度不低于 50℃；④冷却液温度不低于 30℃；⑤变速器最低在 3 挡位置；⑥对于自动变速器来说，在 S-模式也可以使用 4 缸模式，在奥迪驾驶模式选择系统的"dynamic"状态下也可以使用 4 缸模式。

3）驾驶风格的识别

汽缸关闭系统有自己的控制逻辑，该逻辑会监控油门位置、制动踏板位置和司机的转向动作。如果从这些数据中判断出是一个不规则模式，那么在某些情形下就会阻止出现汽缸关闭，因为只关闭几秒钟的话，燃油消耗是会增大而不是降低的。

4）功能

借助于可变气门升程系统 AVS（比如 2，8l-V6-FSI-发动机上就使用了该系统），就可以实现汽缸关闭。但是 2，8l-V6-FSI-发动机上的可变气门升程系统 AVS 只用于完全展开或者关闭气门升程，而 4，0l-V8-TFSI 发动机上的变气门升程系统 AVS 不是用来调节气门升程的。

如果已经激活了汽缸关闭功能，那么 2、3、5 和 8 缸就会被关闭了，但所有其他汽缸是无法关闭的。只要激活了汽缸关闭功能，就会有 4 个汽缸被关闭，绝不会只关闭 1 个、2 个或 3 个汽缸。

5）8 缸模式

在这种工作模式时，汽缸关闭功能是不工作的（没有激活的）。可变气门升程系统 AVS 的可移动凸轮块就位于气门工作着的位置上，如图 208 所示。

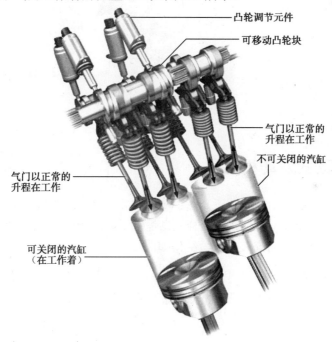

图 208　8 缸工作模式

8 缸模式时的点火顺序是：1→5→4→8→6→3→7→2。

6）4 缸模式

通过相应的凸轮调节元件的切换，其金属销就进入可移动凸轮块的槽内了。于是凸轮块移动，就使得滚子摇臂在一个"平凸轮"上运动了。

　　这个所谓的平凸轮是没有凸起部位的，相应的气门也就不会有升起和下降的那种往复运动了。于是被关闭了的汽缸上的所有气门就都静止不动了。

　　点火系统和燃油喷射系统也都被关闭了，废气就被"包围在里面"。被关闭的汽缸起着空气弹簧的作用。

　　4 缸模式时的点火顺序是：1→4→6→7，如图 209 所示。

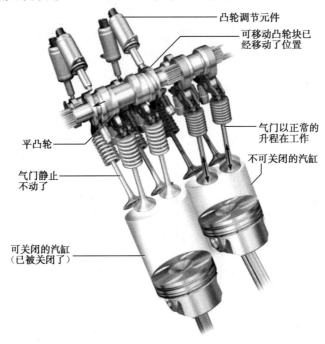

凸轮调节元件

可移动凸轮块已经移动了位置

气门以正常的升程在工作

不可关闭的汽缸

平凸轮

气门静止不动了

可关闭的汽缸（已被关闭了）

图 209　4 缸工作模式

058　奥迪主动式发动机悬置

　　奥迪 4.0 除了汽缸关闭功能外，还开发了一个重要部件：主动式发动机悬置。该系统与 4 缸模式时的主动噪声控制（ANC）系统一样，也是用于提高行驶舒适性的，具体就是在一个较宽的频率范围内都能消除振动安装位置，结构如图 210、图 211 所示。

1）总成悬置的作用
　　①将总成固定在车上；②支承驱动力矩；③隔离发动机振动；④减小发动机振动。

2）工作原理
　　在接通了点火开关后，该系统就处于可用状态了。发动机启动后，该系统就被激活了。即使发动机在以 8 缸模式工作，也会向扬声器发送信号，这是必需的，这样做是为了在切换到 4 缸工作模式时，让乘员感觉不出有什么过渡过程。

　　因此，该系统在工作时就得反应非常快，尤其是在某些特殊情况下更是要求反应要快，比如启停系统关闭了发动机时，或者音响系统内输出的噪声突然降低时。

　　主动噪声控制（ANC）系统一直都是处于激活状态的，不论此时音响系统是处于接通状态、关闭状态、声大、声小还是没声。

总成悬置传感器
G748

总成悬置执行元件2
N514

总成悬置执行元件1
的供电插头

总成悬置传感器2
G749

总成悬置执行元件1
N513

总成悬置执行元件2
的供电插头

图 210 主动式发动机悬置安装位置

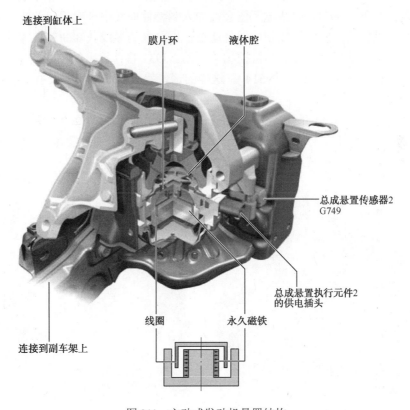

连接到缸体上

膜片环

液体腔

总成悬置传感器2
G749

总成悬置执行元件2
的供电插头

连接到副车架上

线圈

永久磁铁

图 211 主动式发动机悬置结构

如果发动机工作在 4 缸模式，那么由于点火脉冲减半了，所以会使得车身振动更加剧烈。这个剧烈振动是通过产生反振动来抵消的。反向振动就是由主动式液压发动机悬置来产生的，其频率范围在 20～250Hz，如图 212 所示。

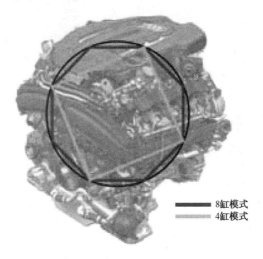

8缸模式
4缸模式

图 212　8 缸、4 缸工作状态

3）功能

从发动机传来的振动由总成悬置传感器 G748 和 G749 来测量，这两个传感器安装在车身处的发动机悬置旁。传感器将测量值做一下换算，换算值就作为模拟电压信号（0.2～0.8V）发送给总成悬置控制单元 J931，这些电压值会被加入到特性曲线中来考虑。另外，还有一个重要的输入量就是曲轴转速，发动机控制单元是通过一根单独的导线获知曲轴转速的。

曲轴的转速信号是直接传给发动机控制单元的。J931 将计算出的控制信号（PWM-信号）发送给总成悬置执行元件（N513、N514）。这样的话，就可以根据需要来由主动式发动机悬置产生一个反振动了。

如果这两种振动在合适的时间点彼此相遇，那么就消除了干扰振动。发动机悬置内的反振动是这样产生的：膜片环在上下做一定的运动，这个运动会被传递到液体腔内的液体（乙二醇）上，所产生的振动从这里被传递到发动机悬置，如图 213 所示。

靠下的位置　　　　　　　　　　　靠上的位置

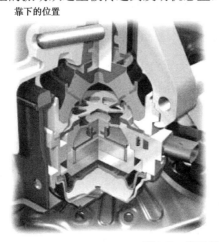

图 213　发动机悬置工作原理

膜片环与电磁线圈是刚性相连的。电磁线圈由总成悬置控制单元 J931 用正弦信号来操控。如果信号的频率或者振幅发生了变化，那么线圈上、下运动的快慢也会发生变化，这样就能在发动机悬置内产生我们所期望的振动了。控制单元内对控制信号的计算是实时的。

系统诊断：该系统具备完全自诊断功能。诊断仪通过地址码 47-音响系统来调用控制单元。

059　大众迈腾 EA888 可变相位系统

迈腾 EA888 发动机的配气正时调节单元是液压叶片式调节器，利用机油泵提供的机油压力进行工作，配气相位结构如图 214 所示。调节器叶片驱动的转子与进气凸轮轴固定。外转子与正时链轮制成一体，由曲轴通过正时链条驱动。进气凸轮轴与定子正时链轮之间，最大可产生 60°曲轴转角的相位差。进气凸轮的旋转相位由发动机控制单元根据转速及负荷等参数进行控制，进气凸轮轴的正时调节系统结构如图 215 所示。（内转子：与凸轮轴刚性连在一起；外转子：与链轮刚性连在一起；锁销：用于机械锁止。）

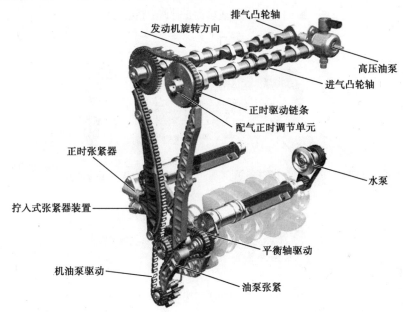

图 214　EA888 系列发动机链条驱动的配气系统结构

三位四通阀通过阀芯移动，将来自机油泵的机油压力以及泄油通道分配给凸轮轴正时调节单元的提前腔及滞后腔，使调节器叶片在机油压差的作用下，相对凸轮轴旋转方向提前或滞后转动。图 216 所示为三位四通阀的实际油路连通情况。

三位四通阀及 N205 电磁阀安装在进气凸轮轴的轴端，发动机控制单元 J623 通过控制 N05 电磁阀的占空比，从而改变电磁阀的通电电流大小。发动机控制单元 J623 根据凸轮轴位置传感器 G40 信号，闭环控制 N205 电磁阀的通电占空比。发动机熄火时，由锁止销将调节器转子锁止在最大延迟位置。发动机启动后，当提前腔压力达到 50kPa 以上时锁止销解锁，开始进行配气相位调节，相位角度由发动机控制曲线决定。

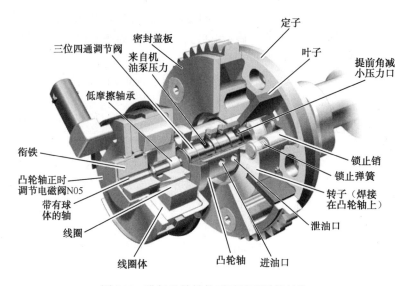

图 215 进气凸轮轴的正时调节系统结构

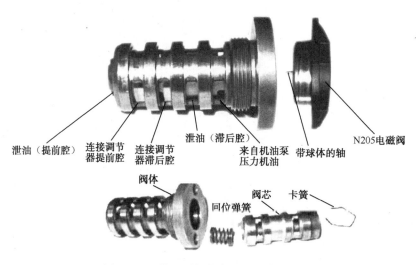

图 216 三位四通阀的实际油路连通情况

三位四通阀的阀芯在电磁力及弹簧力的作用下，可分别处于图中三个位置：

图 217 所示为滞后调节状态，电磁阀通电电流较小，电磁阀通电，阀芯顶出通道 B 与主油道接通，建立压力凸轮轴向延迟关闭方向调整进气门晚关，以增加进气量。

图 218 所示为控制调节状态，电磁阀通电电流中等。

图 219 所示为提前调节状态，电磁阀通电电流较大。电磁阀断电，阀芯回缩通道 A 与主油道接通，建立压力凸轮轴向提前关闭方向调整进气门早关，避免进气回流。

发动机控制单元 J623 通过各种传感器（如转速、凸轮轴位置、冷却液温度等）信号与发动机运转模型计算得到相位要求，继而通过执行器 N205 控制三位四通中央阀左右移动，从而控制凸轮叶片两端压力来实现凸轮轴移动，达到改变相位的要求。该三位四通中央阀初始位置为左侧凸轮轴滞后位置，如图 220 所示。电磁阀 N205 占空比小时，三位四通中央阀芯处于左侧滞后位置，占空比大时处于右侧提前位置。

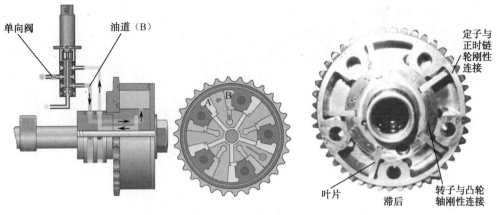

图 217　滞后调节状态

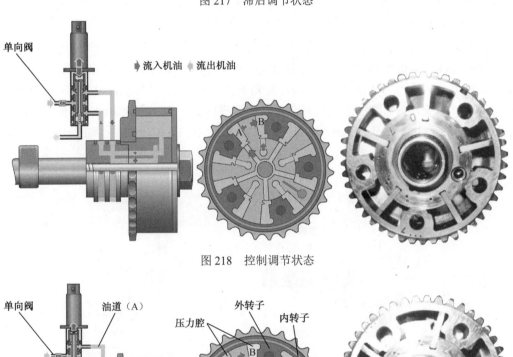

图 218　控制调节状态

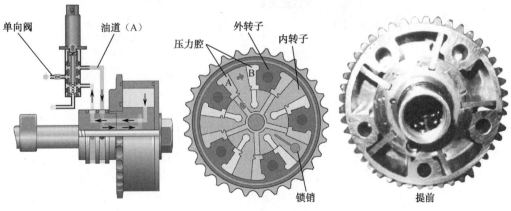

图 219　提前调节状态

　　启动时，凸轮轴要求滞后到最迟以满足易启动的要求；怠速时要求凸轮轴在 28° 左右，保证怠速稳定运转无抖动；部分负荷和急加速工况时，要求凸轮轴调整提前以满足转矩要求；全负荷时需要大功率凸轮轴调整滞后以满足功率要求。注：电磁阀 N205 阻值约为 7.3Ω，N205 两端是常电 12V 电压。

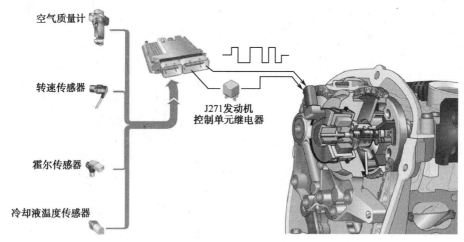

图 220　电磁阀 N205 控制原理图

　　凸轮轴调整机构利用机油压力控制叶片位置。发动机 ECU 根据各种传感器信号及工况控制电磁阀的开闭，从而控制前后腔压力来改变叶片位置，实现改变凸轮轴配气相位的目的。

　　发动机怠速时压力为 0.12～0.16MPa，发动机在 2000r/min 时压力为 0.27～0.45MPa。

　　可变配气系统常见故障：配气正时链条张紧器损坏，造成正时链条跳齿，配气正时错乱。由于正时链条是利用机油压力来张紧正时链条的，机油泵损坏故障会使机油压力不正常，会造成张紧器的损坏，如图 221 所示。这些故障会造成发动机启动困难和怠速不稳等常见故障。

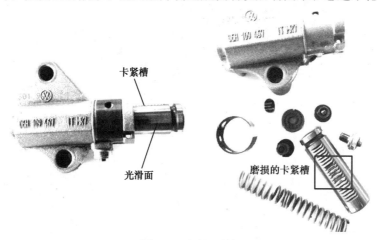

图 221　张紧器损坏

　　在出现了 P150D 这个故障记录后，一定要弄清楚链条是否真的被拉长了。

　　为此：①打开正时机构壳体盖上的保养开口，如图 222、图 223 所示。②用手转动发动机，直至链条张紧器的柱塞伸出至最大位置处。③查一查链条张紧器柱塞上可以见到的齿的个数。所谓的可以见到的齿，是指位于链条张紧器壳体右外侧的所有齿。④要注意的是：有时候，被正时机构壳体盖盖住的齿也是要计算在内的。⑤把齿的数目输入到诊断仪内。⑥如果有 P150D 这个故障记录且在链条张紧器的柱塞伸出至最大位置处时位于链条张紧器壳体右外侧的齿有 7 个或者更多的话，那么就必须更换正时链条了。⑦更换链条后，要通过故障导航来为链条拉长识别功能进行初始化。⑧初始化完成后，清除故障存储器。

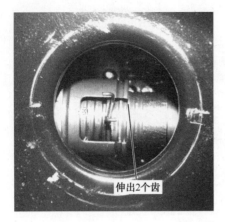 

伸出2个齿

张紧器 张紧器导轨

伸出7个齿

图 222 保养开口

 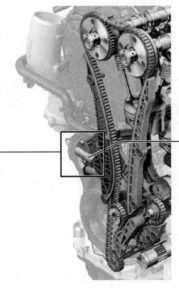

可看到2圈＝
链条正常

可看到7圈＝
更换链条

带检查窗的链条
张紧器，用于诊
断链条伸长度

图 223 检测张紧器

060 大众 EA888 发动机可变进气歧管翻板

进气歧管模块的本体是用聚酰胺材料制成的并且由两个相互焊接在一起的壳体组成，如图 224 所示。进气歧管翻板呈槽形。它们与输入轴一起构成一个用塑料（PPS*）制成的整体式部件。

进气歧管翻板在进气口中是偏心布置的。借助于此布置和翻板的形状，当进气歧管翻板完全打开时，进气口就会完全打开，这样就改善了进气的流动性。

在关闭翻板时，也改善了翻板的能力。进气歧管翻板是由一个真空调节电磁阀调节的。调节分两次进行。

这样就可能不需要翻板的中间的位置。翻板的反馈信号是由进气歧管翻板电位计 G336 提供的。此传感器安装在轴的另一端。在静止状态上，进气歧管翻板被关闭。

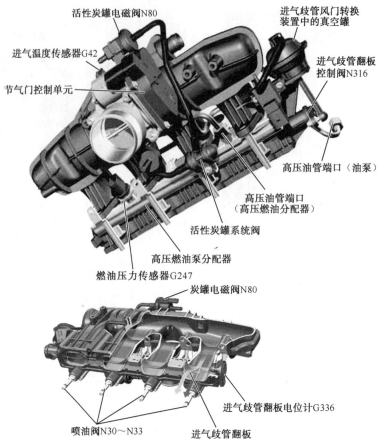

活性炭罐电磁阀N80

进气温度传感器G42

节气门控制单元

进气歧管风门转换
装置中的真空罐

进气歧管翻板
控制阀N316

高压油管端口（油泵）

高压油管端口
（高压燃油分配器）

活性炭罐系统阀

高压燃油泵分配器

燃油压力传感器G247

炭罐电磁阀N80

喷油阀N30～N33

进气歧管翻板电位计G336

进气歧管翻板

图 224　可变进气歧管翻板结构

　　EA888 发动机的进气歧管和传统发动机的进气歧管不一样，内置可以使进气道改变截面积的增压运动翻板，翻板的动作受发动机控制单元的控制，发动机控制单元控制进气翻板动作，从而改变进气道的形状，以达到低速时增加扭矩、高速时提高输出功率的目的。

　　翻板的动作由真空泵带动，真空泵的动作受真空电磁阀 N316 的控制，N316 受发动机控制单元的控制。当发动机在低速和中、小负荷运转时，进气歧管内的增压运动翻板阀门处于小截面积的位置（如图 225 所示）；当发动机在高速（3000r/min）和大负荷运转时，发动机控制单元向可变进气道电磁阀 N316 供电（5V 供电），电磁阀打开，为进气翻板真空单元提供真空压力。真空单元在真空的控制下将翻板转到全开位置。进气翻板位置的变化由进气翻板电位计 G336 将信号反馈给发动机控制单元，如图 226 所示，以适应大的进气量的需求。

进气道

节气门

翻板关闭

隔板

翻板关闭

图 225　进气歧管翻板关闭状态

进气道
节气门
翻板打开
隔板
翻板打开

图 226　进气歧管翻板打开状态

1）故障码可能产原因

①真空电磁阀 N316 损坏，不能给真空泵提供真空；②真空控制电路有故障，不能使真空

电磁阀 N316 动作；③真空度不够，使真空泵工作时不能使翻板阀改变；④真空管路漏气或者堵塞，不能提供真空源；⑤产生真空源的机械泵损坏，不能产生真空；⑥发动机冷车启动后怠速抖动严重，有时甚至会熄火，行驶过程中，仪表上发动机指示灯点亮。热车后发现怠速相对稳定，但隔一段时间发动机又会抖一下，类似失火现象。诊断发现发动机加速时进气歧管翻板轴在转动时有明显的轴向位移。翻板轴向外位移径向产生旷量，把翻板轴向推动一下故障消失。拆解后发现可变进气翻板轴两端各有一个密封圈，如图 227 所示。经检查密封圈已硬化，这使得翻板轴之间产生漏气现象。

图 227　翻板轴两端密封圈

2）检修

（1）进气歧管内的翻板不动作应从是否有真空源和是否受发动机控制两个方面推断。

（2）急加速 3000r/min 以上可以感觉到电磁阀的振动，可以判断控制电路好坏。

（3）可以利用万用表测量翻板真空电磁阀 N316，电压应在 5V 左右，阻值为 31.3Ω左右。

（4）将手动真空泵 VAS6213 连接到真空软管上。反复操纵手动真空泵 VAS6213，真空执行元件应沿箭头方向运动。如果真空执行元件不运动，则更换真空执行元件，如图 228 所示。

（5）有时真空膜盒内的白色软膜安装不到位引起密封不严，如图 229 所示。

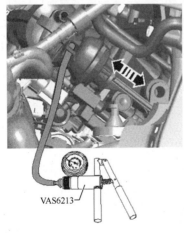

VAS6213

图 228　检测真空膜盒真空度

边缘有变形

图 229　白色软膜边缘有变形之处

061 宝马电子气门调节结构

伺服电动机布置在凸轮轴上方，如图 230 所示。伺服电动机用于调节偏心轴。伺服电动机的蜗杆嵌入安装在偏心轴上的蜗轮内。调节后无须特别锁止偏心轴，因为蜗杆传动机构具有足够的自锁能力。

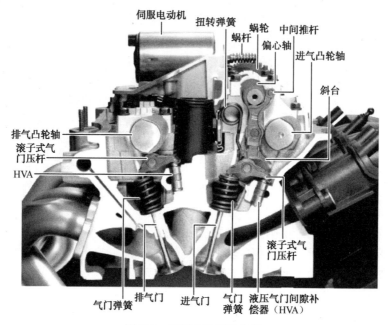

图 230　伺服电机安装位置

偏心轴扭转可使固定架上的中间推杆朝进气凸轮轴方向移动。但由于中间推杆也靠在进气凸轮轴上，因此滚子式气门压杆相对中间推杆的位置会发生变化。中间推杆的斜台朝排气凸轮轴方向移动。

凸轮轴旋转和凸轮向中间推杆移动使中间推杆上的斜台发挥作用。斜台推动滚子式气门压杆，从而使进气门继续向下移动，进气门因此继续开启。

中间推杆改变凸轮轴与滚子式气门压杆之间的传动比。在满负荷位置时，气门行程和持续开启时间达到最大值。在怠速位置时，气门行程和持续开启时间达到最小值。

由于怠速时的最小气门行程非常小，因此必须确保汽缸充气均匀分布。所有气门的开启程度必须相同。

因此滚子式气门压杆和相关中间推杆分为不同等级。通过标记出的参数可区分不同等级的部件。

在同一个汽缸上始终安装相同等级的部件。通过在出厂前分配滚子式气门压杆和中间推杆，可确保在最小气门行程时气门也能均匀进气。

为了对部件进行分级，必须精确测量部件。根据测量结果为部件分级并将等级参数标记在部件上。这样可使一个发动机所有中间推杆的运行曲线公差都保持在 7μm 以内。就是说，处于安装状态时气门机构部件的所有公差之和保持在 0.02mm 以内。

对于滚子式气门压杆来说，要测量 HVA 元件支点与滚子中心之间的距离；对于中间推杆来说，要测量斜台。

发动机的进气和排气侧各设有一个紧凑型无级叶片式 VANOS 单元，如图 231 所示。VANOS 单元易于拆卸和安装，该单元作为链条传动机构的集成式组件用一个中央螺栓固定在相应凸轮轴上。

图 231　发动机上的 VANOS 单元

两个 VANOS 单元的调节范围均为 70° 曲轴转角或 35° 凸轮轴转角。凸轮轴转角调节范围标注在 VANOS 单元上，结构如图 232 所示。

图 232　发动机的 VANOS 单元（摆动马达）

摆动马达的主要优点是正时时间调节方式非常简单。调节正时时间的方式与不带 VANOS 的发动机相似。

可通过 VANOS 单元中的一个锁止销进行调节，如图 233 所示。当 VANOS 处于无压力状态并通过扭转弹簧压入锁止位置内时，锁止销就会卡止；需使 VANOS 移出静止位置时，就会通过机油通道将机油输送至提前调节压力室。在机油压力的作用下，锁止销克服锁止弹簧作用力向下压。这样可从带齿圈的壳体上释放摆动转子，从而使其能够在机油压力的作用下扭转。来自提前调节压力室的机油通过机油通道经凸轮轴和电磁阀进入汽缸盖的气门室内。

图 233　摆动马达或 VANOS 单元

机油输送至气门室内是因为机油通道位于 VANOS 机油通道的最高点，因此 VANOS 机油通道不会排空机油。

062 宝马可变气门升程控制系统组成元件

可变气门升程控制系统如图 234 所示，通过 1 个伺服电动机、1 个偏心轴、1 个中间推杆、回位弹簧、进气凸轮轴和滚子式气门摇臂实现。伺服电动机安装在凸轮轴上方的汽缸盖内，用于调节偏心轴，偏心轴调节进气侧的气门行程。在满负荷位置时，气门行程 9.9mm，开启时间达到最大值，如图 235 所示。在怠速位置时，气门行程 0.18mm，开启时间达到最小值，如图 236 所示。滚子式气门摇臂和相关中间推杆分为 4 个等级。部件上冲压有相关参数，每对的等级都相同。通常生产厂家会对滚子式气门摇臂和中间推杆进行分类，可确保即使在最小行程为 0.18mm 时汽缸也能均匀进气。

（1）气门升程传感器（如图 237 所示）。气门升程由传感器发送回发动机控制单元。该传感器按照磁阻效应原理工作，当附近磁场更改位置时，铁磁导体就会改变自己的电阻。为此，在偏心轴上装有一个带有永久磁铁的磁轮。偏心轴旋转时，该磁铁的磁力线就会穿过传感器内的导磁材料，由此产生的电阻变化值用作发动机控制单元信号的调节参数。必须用一个非磁性螺栓将磁轮固定在偏心轴上，否则传感器无法正常工作。

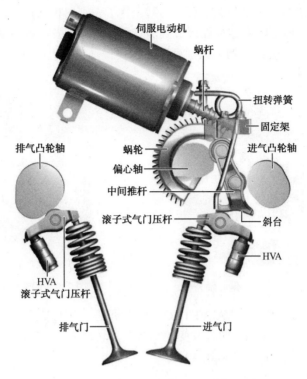

图 234　可变气门升程控制系统

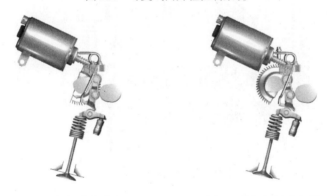

图 235　气门最大升程　　　　图 236　气门最小行程

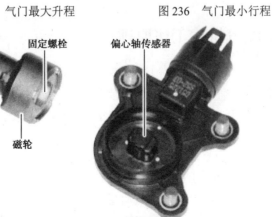

图 237　气门升程传感器

（2）调节位置极限挡块（见图238、图239）。为了识别出机械挡块，可在挡块之间执行挡块识别程序。为此，将偏心轴由零行程调节到满行程。只有当发动机控制单元在发动机启动时识别到不可信数值时，才会执行挡块识别程序。挡块识别程序也可以由诊断系统触发。

图238 调节位置极限挡块（偏心轴）

图239 调节位置极限挡块（汽缸盖）

（3）VALVETRONIC 电机。VALVETRONIC 电机是一个 12V 直流电机，如图240所示，以 15.6kHz 频率进行驱动。DME 通过改变控制极改变转动方向。VALVETRONIC 电机通过两根导线与 DME 相连。最大耗电量可达 40A。

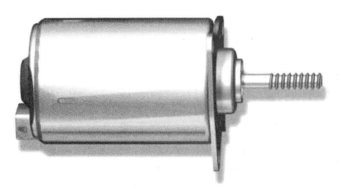

图240 VALVETRONIC 电机

063 宝马可变配气机构工作原理

为减小耗油量，宝马车的可调式气门机构导入发动机的空气量不是通过节气门而是通过进气门的可调式升程调整的。通过电动可调偏心轴，由中间杠杆改变凸轮轴对滚子式气门压杆的作用，由此产生进气门的可调式升程。节气门只在启动时和应急运行时使用。在所有其他的运行状态下节气门均全开，几乎无节流作用。电子气门技术通过实现对气门行程的无级调节，达到对发动机不同转速状态下功率转矩输出的最佳均衡。

电子气门利用 VANOS 和全可变气门机构对进气门的行程和关闭时刻一起进行调节，从而使进气门关闭时燃烧室内达到理想的混合气质量。如图241所示，采用电子气门后，换气损失大大减小，进气门关闭始终是在进气行程中实现的，这一点与普通电喷发动机是不同的。普通电喷发动机的进气门都是在压缩行程初期才关闭，也就是进气门迟闭，目的是为了充分利用进气流的惯性增加进气。而电子气门由于进气道无节流，与大气直接相通，因此无须迟闭，随着进气门升程的增大，其关闭的时刻也越靠近下止点，关闭时刻相对越来越晚，进气量也越来越多，正好与发动机负荷匹配。进气门关闭后在封闭汽缸内的进一步膨胀和接下来的压缩过程几乎都不会产生能量损耗，因此进气损失减少，但是此换气优势随着负荷的增大而不断减弱。满负荷时换气优势为零，因为普通电喷发动机此时节气门也全开。

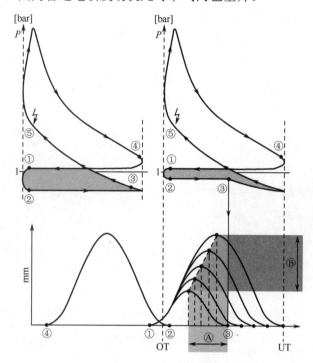

OT—上止点；UT—下止点；1—进气门打开；A—VANOS 调节范围；2—排气门关闭；

B—进气门行程调节范围；3—进气门关闭；4—排气门打开；5—点火时刻

图 241　电子气门系统进气门升程与进气相位关系图

　　当负荷较小时进气门开启时间必须非常短，只有通过大幅度减小气门行程才能实现，这样会使气门开启横截面减小，出现明显的节流作用，但是气门间隙处的进气速度由 50m/s 提高至 300m/s 以上，而且气流围绕整个气门均匀流动，因此使油滴尺寸减小，实现最佳的混合气形成过程，燃烧充分并减小功率输出波动以及 HC 和 NO_x 的排放，实验测得怠速时可减少燃油消耗达 20%。负荷增大，节油潜力降低，但即便发动机以理想空燃比运行，仍可节油 10%。气门行程为 1mm 时的混合气进气情况如图 242 所示。

图 242　通过气门间隙进气

064 新款捷达正时齿形皮带更换

1）拆卸

（1）拆卸右前轮罩板。

（2）拆卸空气滤清器。

（3）排出冷却液。

（4）拧出螺栓 A～D，接着将冷却液调节器盖板 1 放置于一侧，如图 243 所示。

（5）脱开线束固定卡（见图 244 中箭头所指处）。

（6）拧出螺栓 1、3，取下冷却液泵齿形皮带护罩 2，如图 244 所示。

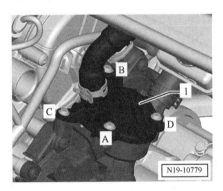

图 243　拆下冷却液调节器盖板螺栓

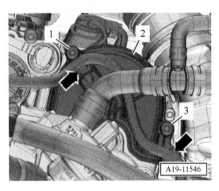

图 244　拧出螺栓 1、3

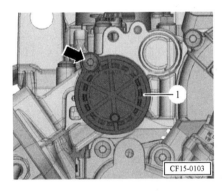

图 245　拧出螺栓并取下密封盖

（7）拧出螺栓（箭头所指处），并取下密封盖 1，如图 245 所示。

（8）拧出螺栓 2，脱开固定卡 3，如图 246 所示。

（9）松开固定卡（箭头所指处），取下上部正时齿形皮带护罩 1。

（10）将曲轴转到"上止点"位置处。

（11）拆卸第 1 缸带功率输出级的点火线圈。

（12）用火花塞扳手拆下第 1 缸火花塞。

（13）将千分表适配接头 T10170N 旋入火花塞螺纹孔中直至极限位置。

（14）将带延长件 T10170N/1 的千分表 VAS 6079 插入千分表适配接头中，并拧紧锁止螺母（箭头所指处），如图 247 所示。

（15）沿发动机运转方向转动曲轴，直到第 1 缸的上止点，并记下千分表指针位置。提示：如果曲轴转动超过上止点 0.01mm，则将曲轴沿逆时针方向转动约 45°，再沿发动机运转方向转动到第 1 缸的上止点。汽缸 1 上止点的允许偏差为±0.01mm。

（16）拧出汽缸体上的上止点孔的螺旋塞，如图 248 所示。

（17）将固定螺栓 T10340 拧入汽缸体中，直至限位位置，接着用 30N·m 的力矩拧紧。

（18）沿发动机运行方向转动曲轴，直至限位位置。固定螺栓 T10340 现在紧贴曲轴侧面。

提示：固定螺栓 T10340 只能沿发动机运转方向固定曲轴。

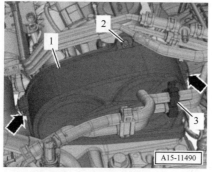

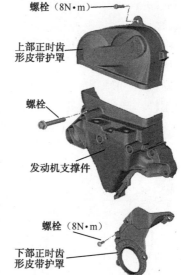

螺栓（8N·m）

上部正时齿
形皮带护罩

螺栓

发动机支撑件

螺栓（8N·m）

下部正时齿
形皮带护罩

图 246　拆下正时齿形带护罩

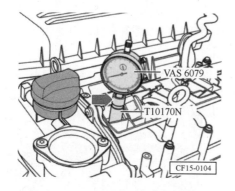

图 247　将千分表旋入火花塞螺纹孔中

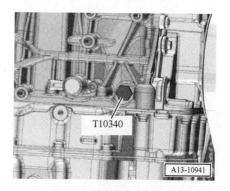

图 248　拧出汽缸体上的上止点孔的螺旋塞

（19）如图 249 所示，飞轮侧上方的两个凸轮轴上各有两个不对称的凹槽（箭头所指处）。

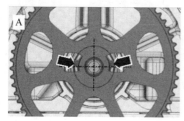

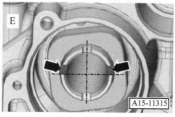

图 249　不对称的凹槽

（20）对于排气凸轮轴，可以通过冷却液泵齿形皮带轮上的孔进入凸轮轴上两个不对称的凹槽。对于进气凸轮轴，凹槽在凸轮轴十字虚线上方（图 249 中 A 为排气凸轮轴，E 为进气凸轮轴）。提示：凸轮轴有一对对称分布的凹槽和一对不对称分布的凹槽。在上止点位置处，不对称分布的凹槽必须在水平中线上方。

（21）如果凸轮轴的位置与上述不符，则拧出固定螺栓 T10340，接着继续转动曲轴一圈，再次转到上止点处。提示：必须可以轻易放入凸轮轴固定装置 T10477。不允许用敲击工具敲入凸轮轴固定装置。

（22）将凸轮轴固定装置 T10477 插入凸轮轴内，并插到底，接着用力拧紧螺栓（箭头所指处），如图 250 所示。

（23）拆卸减振器/曲轴正时齿形皮带轮。

（24）拧出螺栓（箭头所指处），并取下下部正时齿形皮带护罩，如图 251 所示。

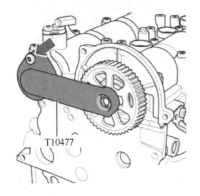
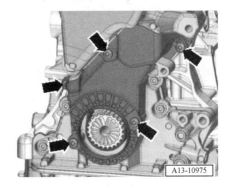

图 250　将凸轮轴固定装置 T10477 插入凸轮轴内　　　图 251　拆卸正时齿形皮带轮

（25）用固定支架 T10172 固定进气凸轮轴齿形皮带轮，拧出螺旋塞 1，如图 252 所示。注：仅用于发动机型号代码：CPDA 的车型。

（26）用固定支架 T10172 固定凸轮轴齿形皮带轮，拧松螺栓 1 和 2（约 1 圈），如图 253 所示。

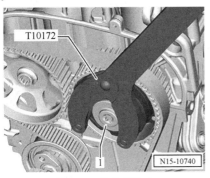
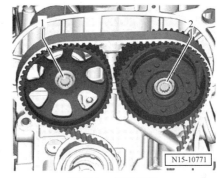

图 252　拧出螺旋塞　　　　　　　　　　图 253　拧松螺栓

（27）用扳手接头 T10500 松开螺栓 1，如图 254 所示。提示：在拆卸正时齿形皮带前，用粉笔或记号笔标记运转方向，便于重新安装。

（28）用梅花扳手 SW30-T10499 松开偏心轮 2，使张紧轮松开。

（29）拆卸正时齿形皮带。

（30）沿箭头方向取下正时齿形皮带轮 1，如图 255 所示。

2）安装（调整配气相位）

（1）检查凸轮轴和曲轴的上止点位置。①第 1 缸活塞必须位于上止点，上止点允许偏差为 ±0.01mm，如图 256 所示；②在凸轮轴箱上安装凸轮轴固定装置 T10477，如图 257 所示；③将固定螺栓 T10340 拧入汽缸体中，直至限位位置，接着用 30N·m 的力矩拧紧；④用固定螺栓

T10340 将曲轴卡止在汽缸 1 的活塞上止点处，使曲轴不能转动，如图 258 所示。注：凸轮轴固定装置 T10477 不得用作支撑架。

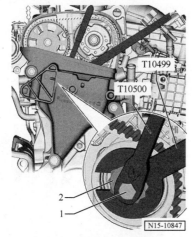

图 254　用扳手松开螺栓 1

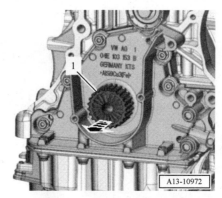

图 255　取下正时齿形皮带轮

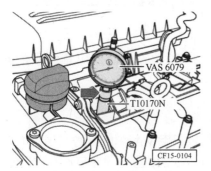

图 256　第 1 缸活塞位于上止点

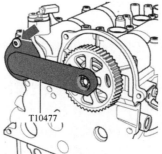

图 257　安装凸轮轴固定装置

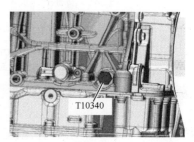

图 258　将曲轴卡止在上止点处

（2）拧入新的凸轮轴齿形皮带轮螺栓 1 和 2，但不拧紧，如图 259 所示。

① 凸轮轴上的齿形皮带轮必须能转动，但不得翻落；②张紧轮的凸缘（箭头所指处）必须嵌入到汽缸体的铸造凹坑中，如图 260 所示。

图 259　拧入新的凸轮轴齿形皮带轮螺栓

图 260　张紧轮的凸缘嵌入凹坑中

（3）将曲轴正时齿形皮带轮装到曲轴上，如图 261 所示。

①多楔皮带轮和曲轴正时齿形皮带轮之间的表面必须无机油、无油脂；②曲轴正时齿形皮带轮上的铣削平面（箭头所指处）必须与曲轴轴颈的铣削平面对应。

（4）向上拉正时齿形皮带，将其置于导向轮 1、张紧轮 2、排气凸轮轴齿形皮带轮 3 和进气凸轮轴齿形皮带 4 上，如图 262 所示。

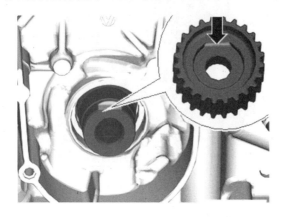

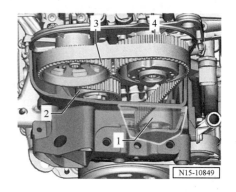

图 261　安装曲轴正时齿形皮带轮　　　　　图 262　安装正时齿形皮带

（5）用梅花扳手 SW30 T10499 沿图 263 中的箭头方向转动张紧轮的偏心轮 2，直至设定指针 3 向右侧偏离设定窗口约 10mm。

（6）沿与箭头相反的方向转动偏心轮 2，直到设定指针 3 正好位于设定窗口，如图 263 所示。

（7）将偏心轮固定在这个位置，用扳手接头 T10500 和扭矩扳手 V.A.G 1331 拧紧螺栓 1。提示：一旦继续转动发动机或运行发动机，可能会导致设定指针 3 的位置与设定窗口有稍许偏差。这不会影响正时齿形皮带的张紧度。

（8）用固定支架 T10172 固定凸轮轴正时齿形皮带轮，以 50N·m 的力矩拧紧螺栓 1 和 2，如图 264 所示。

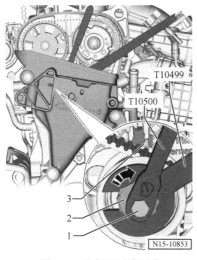

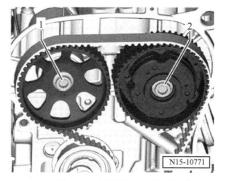

图 263　张紧正时齿形带　　　　　　　　　图 264　拧紧正时带轮螺栓

（9）拧出固定螺栓 T10340，如图 265 所示。

（10）拧出螺栓（箭头所指处），取下凸轮轴固定装置 T10477，如图 266 所示。

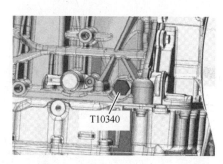

图 265　拧出固定螺栓 T10340

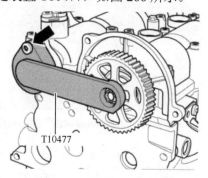

图 266　取下凸轮轴固定装置

（11）安装下部正时齿形皮带护罩并拧紧螺栓（箭头所指处），如图 267 所示。

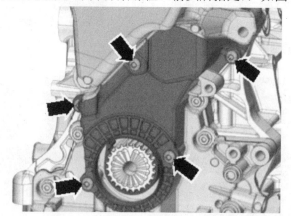

图 267　安装下部正时齿形皮带护罩

（12）安装减振器/曲轴皮带轮。

065　大众奥迪凸轮轴正时链拆卸和安装

1）拆卸

（1）拆卸正时链上盖。

（2）用固定支架 T10355 将减振器转到上止点位置（箭头所指处）。注：减振器上的切口必须与正时链下盖板上的箭头标记相对。凸轮轴的标记 1 必须朝上，如图 268 所示。

（3）拆下减振器。

（4）拆卸正时链下盖板。

（5）用装配工具 T10352（发动机型号代码为 CCZA、CCZB、CDAA、CDAB，装配工具为 T10352/1）沿箭头方向拆卸控制阀，如图 269 所示。

（6）拧出螺栓（箭头所指处）并拆下轴承桥，如图 270 所示。

（7）沿箭头方向压机油泵的链条张紧器并用定位销 T40011 固定，如图 271 所示。

（8）拆卸机油泵的链条张紧器 1。

（9）取下机油泵的链条张紧器。

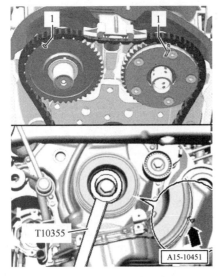

图 268　将曲轴旋转到上止点

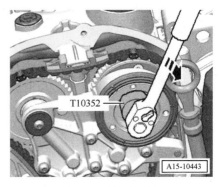

图 269　拆卸控制阀

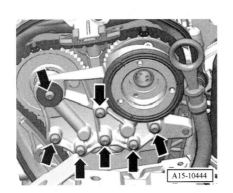

图 270　拆下轴承桥

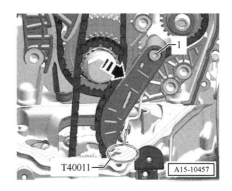

图 271　定位机油泵的链条张紧器

（10）拧出螺栓（箭头所指处），如图 272 所示。

（11）根据车型的不同，安装了不同规格的张紧器。类型 1：拧入装配杆 T40243，如图 273 所示。

（12）将链条张紧器的固定楔抬起（箭头 1 所指处），为此应将定位销 T40011 的末端磨尖。也可以使用刀刃宽度约为 1.5mm 的螺丝刀。

（13）将装配杆 T40243 缓慢地沿箭头方向 2 按压并固定。

（14）用定位销 T40011 固定链条张紧器，如图 274 所示。

（15）类型 2：拧入装配杆 T40243，如图 275 所示。挤压链条张紧器 1 的卡环并固定，将装配杆 T40243 缓慢地沿箭头方向按压并固定。

（16）链条张紧器用定位工具 T40267 固定，如图 276 所示。

（17）所有的车型拆下装配杆 T40243。

（18）凸轮轴固定件 T40271/2 拧到汽缸盖上，并沿箭头方向 2 推入链轮花键中，必要时用扳手略微旋转进气凸轮轴 1，如图 277 所示。

图 272 拧出螺栓

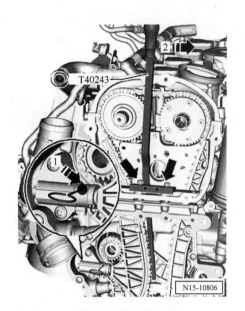

图 273 拧入装配杆

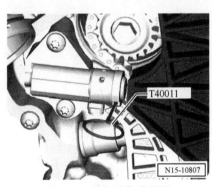

图 274 固定链条张紧器

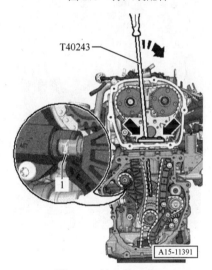

图 275 拧入装配杆

（19）将凸轮轴固定件 T40271/1 拧到汽缸盖上，如图 278 所示。用开口扳手沿着顺时针方向（箭头所指处）固定凸轮轴。

（20）拧出螺栓 A，拆卸张紧轨，继续固定凸轮轴。

（21）将凸轮轴固定件 T40271/1 推入链轮花键 2 中，如图 279 所示。必要时沿着顺时针方向继续旋转排气凸轮轴 1，直至可将凸轮轴固定件推入。凸轮轴正时链（松散地）放在链轮之间。

（22）拆卸凸轮轴正时链的滑轨 A，如图 280 所示。

（23）取下正时链。

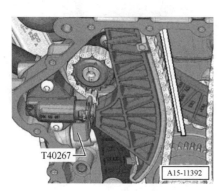

图 276　固定链条张紧器

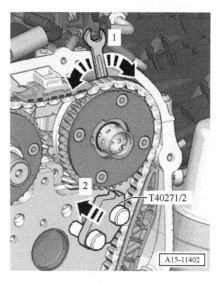

图 277　凸轮轴固定件拧到汽缸盖上

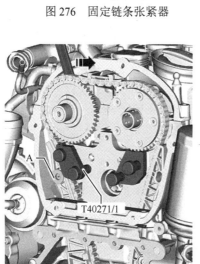

图 278　将凸轮轴固定件拧到汽缸盖上

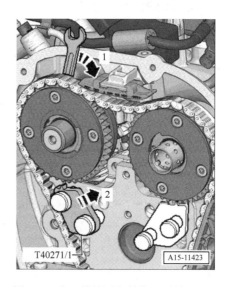

图 279　将凸轮轴固定件推入链轮花键中

2）安装

（1）正时链的彩色链环必须定位在链轮的标记上，如图 281 所示。

（2）将正时链放置到进气凸轮轴上。

（3）将正时链放置到排气凸轮轴上。

（4）将正时链放置到曲轴上并固定。

（5）安装凸轮轴正时链的滑轨并拧紧螺栓 A，如图 282 所示。

（6）沿箭头方向 1 缓慢地旋转排气凸轮轴，直至可将凸轮轴固定件 T40271/1 从链轮花键中拉出，如图 283 所示。

（7）小心地松开凸轮轴，直至凸轮轴正时链紧贴到滑轨上。将凸轮轴固定在该位置。

（8）继续固定凸轮轴，安装凸轮轴正时链的张紧导轨，拧紧螺栓 A，如图 284 所示。

（9）拆下凸轮轴固定件 T40271/1。

图 280　拆卸凸轮轴正时链的滑轨 A

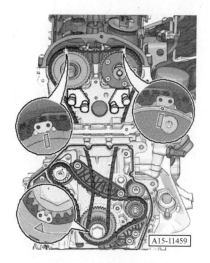

图 281　链轮的标记

图 282　拧紧螺栓 A

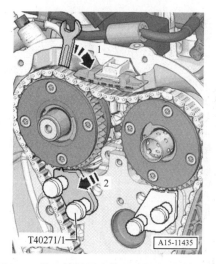

图 283　将凸轮轴固定件从链轮花键中拉出

（10）将凸轮轴固定件 T40271/2 从链轮花键 2 推出，必要时略微旋转进气凸轮轴 1，如图 285 所示。

（11）拆下凸轮轴固定件 T40271/2。

（12）由于规格的不同，去除定位销 T40011 或定位工具 T40267。

（13）检查颜色链节相对于标记的位置，如图 286 所示。

（14）安装机油泵传动链和链条张紧器，拧紧螺栓 1，去除定位销 T40011，如图 287 所示。

（15）拧入螺栓（箭头所指处）并拧紧，如图 288 所示。

（16）小心地插上轴承桥，不要歪斜，用手拧入螺栓并用工具拧紧，如图 289 所示。

（17）安装控制阀。

（18）旋转工装 A 插到张紧销上，同时注意链轮的齿廓，如图 290 所示。工具的上方平面位于上止点位置。将旋转工装用带肩螺母 B 拧紧。

图 284　拧紧螺栓 A

图 285　将凸轮轴固定件从链轮花键 2 推出

图 286　检查颜色链节

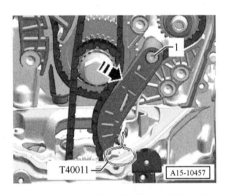

图 287　安装机油泵传动链和链条张紧器

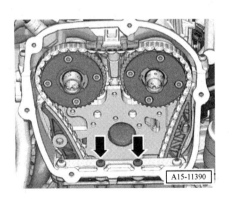

图 288　拧入螺栓

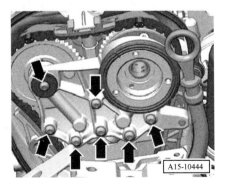

图 289　用手拧入螺栓

（19）现在可以在六角头上转动曲轴（箭头所指处），如图291所示。

（20）将发动机朝发动机运转方向旋转2圈并检查配气相位。其余的组装工作大体上与拆卸顺序相反。

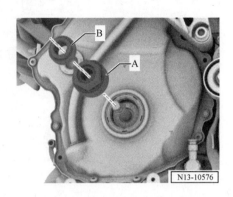

图290 旋转工装A插到张紧销上

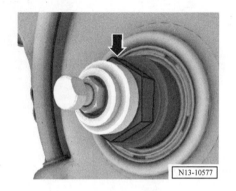

图291 在六角头上转动曲轴

3）检查配气相位

（1）拆卸正时链上盖板。

（2）用套筒扳手从上部将曲轴沿发动机旋转方向转动，直至标记（箭头所指处）几乎处于上部，如图292所示。

（3）将火花塞从汽缸1上拆下。

（4）将千分表适配接头T10170/A拧入火花塞螺纹，直至限位位置，如图293所示。

（5）将千分表VAS 6079用延长件T10170A/1装入限位位置，并用夹紧螺母（箭头所指处）夹紧。

（6）沿发动机旋转方向缓慢地旋转曲轴，直到最大的指针摆动。如果达到最大指针摆幅（指针换向点），则螺栓位于上止点。提示：如果曲轴转动超过上止点或多于0.01mm，则将曲轴沿发动机运转方向的反方向再转动2圈。不要沿发动机旋转方向的反方向旋转发动机。

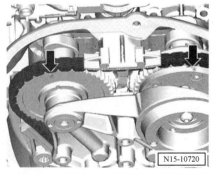

图292 凸轮轴正时链轮标记处于上部

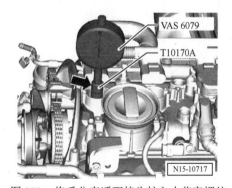

图293 将千分表适配接头拧入火花塞螺纹

（7）测量从棱边左外缘A至进气凸轮轴标记B的间距，如图294所示。额定值：61～64mm。

（8）如果达到额定值，则测量进气凸轮轴 B 上的标记和排气凸轮轴 C 上的标记之间的距离，如图 295 所示。额定值：124～126mm。提示：错开 1 个齿意味着与额定值偏离约 6mm。如果确定有错位，则重新挂上正时链。

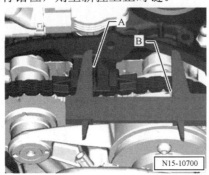 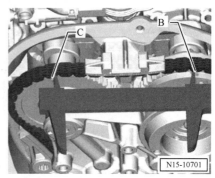

图 294　测量从棱边左外缘 A 至进气凸轮轴标记 B 的间距　　图 295　测量 B 标记和 C 标记之间的距离

...

...

第4章

燃油供给系统

066 大众奥迪双喷系统

　　该机型的汽油缸内高压直接喷射系统根据最高系统压力（从 150bar 提高到 200bar，$1bar=10^5Pa$）、噪声和单套成本等方面的要求进行了全新的改进。同时，为了达到欧Ⅵ废气排放标准所规定的颗粒质量和颗粒数的排放限值，并具备进一步降低 CO_2 排放的潜力，除了缸内直接喷射系统之外，还附加配备了一套进气道喷射系统，如图296所示。

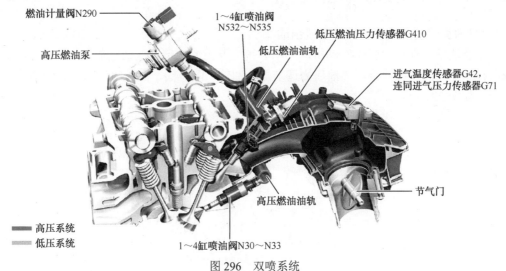

图296　双喷系统

　　MPI 喷油器是由高压燃油泵通过一个输油接头供油的，因而在发动机以 MPI 运转时能保证高压燃油泵得到内部冷却。燃油共轨将燃油输送到 MPI 喷油器。为了将高压燃油泵输入到 MPI 共轨中的燃油压力波动减小到最低程度，在输油接头中装有一个节流阀；为了调节喷油压力，在共轨上配备了一个低压传感器。MPI 喷油器被集成在可变滚流装置（VTS）法兰上，并且其喷射油束的方向与汽缸盖中的滚流阀隔板相匹配。由于系统压力已提高到 200bar，必须选配合适的高压燃油泵和高压喷油器，并且用一个钢弹簧垫圈将高压喷油器与汽缸盖隔开以降低噪声。该最新一代机型在部分负荷范围内采用 MPI 喷油器运转，而在较高负荷和发动机启动时则采用高压喷油器运转。高压共轨脱离进气管而用螺钉直接紧固在汽缸盖上，它将燃油输送到高压喷油器中。高压系统通过一个量程合适的压力传感器来调节高压系统的压力。

新开发的喷油系统为发动机的运行开辟了新的自由度：能够运用高压喷油器进行单次、双次和三次缸内直接喷射，而在发动机特性曲线场的部分负荷范围内运用 MPI 喷油器形成混合气，从而进一步加强了燃油消耗的优势，同时确保较低的颗粒排放，因此这种最新一代汽油机目前就已能满足未来欧VI废气排放标准的要求。此外，为了调节不同的喷油模式，提出了以下评价标准：①效率，抗爆燃性能；②排放，特别是颗粒质量和颗粒数；③燃油湿润壁面和稀释发动机机油；④运转平稳性。

在发动机冷启动时温度极低的情况下，以及热机运转时负荷较高的情况下，采用 3 次缸内直接喷射能够确保燃油对发动机机油的稀释最少和最低的废气排放，特别是较低的颗粒排放。在发动机启动和催化转化器加热时，运用 2 次缸内直接喷射形成混合气。此时，运转平稳性、燃油品质变动时的耐久性以及最低的排放量是最重要的优化指标。在高负荷下也运用 2 次缸内直接喷射。采用这样的喷油策略能够确保在爆燃倾向、颗粒排放和机油稀释程度等方面获得最佳的效果。

由于增压压力提高了，集成在进气管中的可变滚流装置（VTS）已经完全重新设计，其中曲柄状的整体式不锈钢转轴确保进气道中的椭圆形滚流阀板具有最大的抗扭刚度，而滚流阀板的位置由一个非接触式转角传感器来识别。椭圆形滚流阀板在完全打开的状态下紧贴在进气管壁上，这样进气空气流对其冲击最小。发动机电控单元借助于一个真空膜盒以气电方式操纵滚流阀板的开关操纵位置。

067 缸内直喷发动机燃油供给系统

1）缸内直喷发动机燃油供给系统组成

大众奥迪第三代缸内直喷发动机的燃油系统主要由燃油箱、电动燃油泵、燃油滤清器、燃油低压传感器、高压燃油泵、燃油压力调节器、油轨、限压阀、高压喷油器、燃油高压传感器等组成，如图 297 所示。

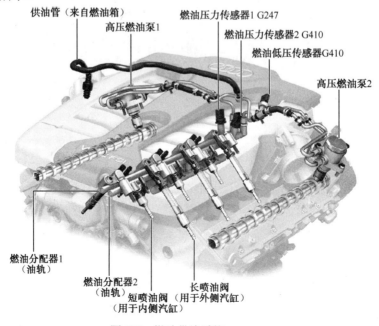

供油管（来自燃油箱）
高压燃油泵1
燃油压力传感器1 G247
燃油压力传感器2 G410
燃油低压传感器G410
高压燃油泵2

燃油分配器1（油轨）
燃油分配器2（油轨）
短喷油阀（用于内侧汽缸）
长喷油阀（用于外侧汽缸）

图 297　燃油供给系统

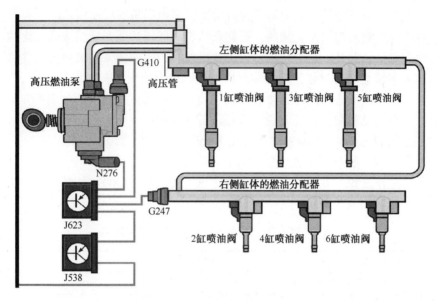

图 297　燃油供给系统（续）

2）燃油系统的检修注意事项

警告：高压时流出的燃油可严重灼伤皮肤和眼睛。

（1）出于安全原因，当未断开蓄电池连接时，必须在打开燃油系统之前将燃油泵控制单元（大众是 J538）的保险丝拆下，因为燃油泵是通过驾驶员侧门控开关激活的。注：可通过拔掉油泵控制单元保险丝后，启动发动机来卸压。

（2）拆下燃油系统部件前，务必对燃油系统卸压。

低压燃油系统卸压：与传统进气道喷射相同，操作时请使用抹布盖住维修接口。

高压燃油系统卸压：用故障诊断仪循环操作喷油器卸压或在发动机运行后 2h，再对系统部件操作，在操作时同样要用抹布盖住维修接口。

大众车，在发动机运转状态下用故障诊断仪在"读取测量值块"的功能下选择通道号 140，在显示区 3 中显示油压力。燃油压力从约 5MPa 降低到 0.4～0.7MPa，如图 298 所示，这样卸压比较慢。

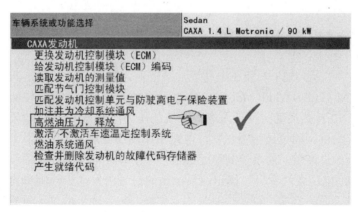

图 298　高压系统压力的释放

高压燃油油路对第二代高压泵燃油系统来说，可通过断开燃油压力调节阀的插头来完成，调节阀断电，就会释放燃油压力。但是，对目前大量采用的第三代高压油泵来说，当燃油压力调节阀断电时，调节阀的阀门是关闭的。这就意味着不能通过断开插头来降低燃油压力，应当用故障诊断仪来卸压。此外，热车卸压后应迅速操作，否则即使发动机熄火，燃油压力也会因发动机舱内燃油系统受热而可能使高压油泵内油压迅速上升到 14MPa。

注：高压油路泄压可通过拔掉燃油泵控制单元保险丝或拔掉燃油泵控制单元插头，然后启动发动机着火直到发动机熄火，此时说明高压油管中无残压。

（3）燃油泵压力为 0.4～0.7MPa，压力在 10min 后不得低于 0.375MPa。

（4）更换发动机控制单元或燃油泵控制单元后必须做自适应。

（5）对于大众车来说，连接好故障诊断仪、地址 01→功能 03，可对缸内直喷发动机进行八项最终诊断测试，如表 3 所示。

表 3　缸内直喷发动机进行八项最终诊断测试

1	燃油泵转 15s
2	活性炭罐电磁阀 N80 开/关 60s
3	凸轮轴电磁阀 N205 开/关 60s
4	增压压力调节电磁阀 N75 开/关 60s
5	增压空气循环电磁阀 N249 开/关 60s
6	散热风扇高速运转 15s
7	燃油压力调节阀 N276 开/关几秒
8	V50 循环水泵转 60s

（6）上海通用对其缸内直喷汽油机要求：喷油器一经拆卸其密封垫须更换，高压油管一经拆卸也须更换，且在安装之前一定要使用不含硅树脂的润滑油润滑管路接头。但目前在大众车操作时实际这些零件不损坏都不更换。

例如，很多缸内直喷汽油车行驶 10000km 左右就出现怠速不稳。最常见的原因是汽油品质不好引起喷油器喷孔结胶堵塞和气门积炭卡死。按原厂规定至少应当用 97#优质汽油，如果用 93#汽油，发动机内很容易积炭。如用内窥镜从火花塞孔装入，可清楚看到是否有积炭。如果是积炭引起的怠速不稳，一般用不解体清洗发动机的清洗剂就有很好的效果。

068 直喷发动机燃油控制单元

低压燃油泵控制单元 J538 安装在电动燃油泵上面，如图 299 所示，其功能是：控制单元通过脉宽调制 PWM（Pulse-Width Modulated）信号来控制电动燃油泵，使低压燃油系统的油压达到 50～500kPa。在冷热启动时使低压燃油系统的压力达到 650kPa。如果燃油泵控制单元失效，则无法启动发动机，油位显示不正常，电路图如图 300 所示。

为了调整油泵的供油量，油泵控制单元通过一个 PWM 信号来控制油泵的供电电压，油泵电压在 6V 到蓄电池电压之间变换。修正油泵电压的信号由发动机控制单元提供。供油量靠发动机控制单元通过下面的方法检测：在油泵的工作循环内，油泵的供油量持续减少，直到高压系统的压力受到影响。发动机控制单元会对燃油泵的调制信号与存储在发动机控制单元内的调制信号进行比较，如图 301 所示。如果发现两个信号有偏差，以发动机控制单元内存储的为准。

图 299　低压燃油泵控制单元 J538 安装位置

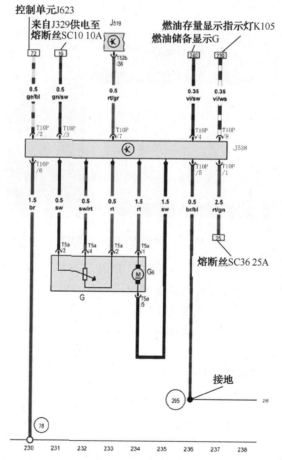

G—燃油存量传感器；G6—预供给燃油泵；J519—车载电网控制单元；J538—燃油泵控制单元

图 300　燃油液位传感器与燃油泵控制单元 J538 连接的电路图

　　如果燃油系统燃油耗尽或在装配工作期间打开，则管路中的空气难以启动，需要对燃油供给系统进行排气，在屏幕上单击"是"按钮继续，如图 302 所示。打开点火开关，屏幕显示燃油泵启动（启动数值必须缓慢增加），最后按屏幕提示启动启动机，最后单击"完成"按钮，如图 303 所示。

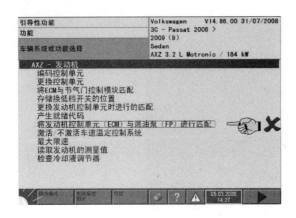

图 301　燃油泵的调制信号与存储在控制
单元内的调制信号比较

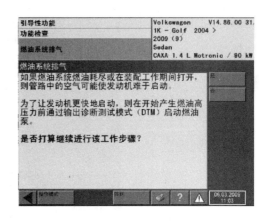

图 302　进行燃油供给系统
排气操作

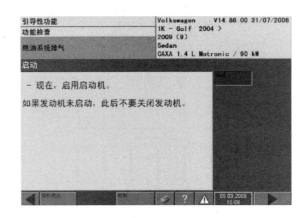

图 303　按屏幕提示启动启动机

电路检测．打开点火开关，T10P/7、T10P/3、T10P/3 与搭铁信号电压为 12V，怠速 T10P/4 与搭铁信号电压为 0.283V，T10P/8 与搭铁信号电压为 0.215V。

发动机怠速 T10P/1 与搭铁信号电压为 12V，T5a/1 与搭铁信号电压约为 7V，怠速时在 7～12V 之间。T5a/3 与搭铁信号电压约为 0.285V，T5a/4 与搭铁信号电压约为 0.215V，T5a/2 为搭铁信号，T5a/3 与 T5a/2 端电压信号约为 0.245V，T5a/3 与车身搭铁信号电压约为 0.277V，T5a/4 与 T5a/2 端电压信号约为 0.248V。

069　直喷发动机高压油泵

这款发动机采用第三代高压油泵，高压油泵由日立公司提供，如图 304 所示。

特点：①更小的泵油冲程（3mm）；②泵内集成的限压阀取代了油轨上的回油管；③单柱塞的高压燃油泵用螺栓倾斜地安装在凸轮轴盖上，如图 305 所示，靠进气凸轮轴上的四方凸轮来驱动，每个凸轮轮廓的行程是 3mm；④另外，当它不工作时，不会将燃油泵入高压系统。

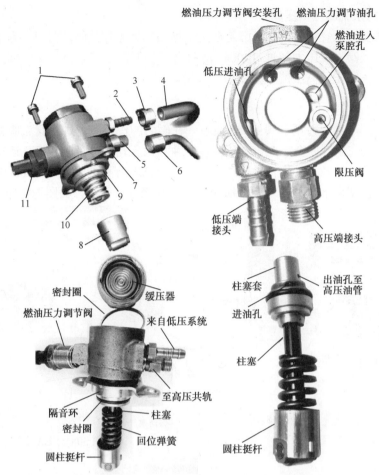

1—螺栓；2—低压端接头；3—卡箍；4—回油管；5—高压端接头；6—高压管；

7—固定支架；8—圆柱挺杆；9—隔音环；10—弹簧；11—燃油压力调节阀 N276

图 304　第三代高压油泵

　　高压泵调整原理：燃油压力是按需调整的。N276 不通电的时候，燃油泵入高压系统。高压油泵靠进气凸轮轴上的四方凸轮来驱动。为了减小凸轮轴和泵推杆之间的摩擦，凸轮通过一个圆柱挺杆驱动泵推杆，高压油泵以一定角度安装在缸盖罩盖上，高压油泵内部结构如图 306 所示。

S405-02

图 305　高压燃油泵用螺栓倾斜地安装在凸轮轴盖上

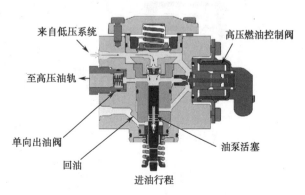

图 306　第三代高压油泵内部结构

1）燃油压力限制阀（限压阀）

限压阀集成在高压燃油泵内，作用是在发生燃油热膨胀和故障的时候，为系统提供过压保护。它是一个机械阀，在压力超过 140bar 时打开，打开的是在泵内从高压端到低压端的回流油道，然后燃油再被压回高压端，如图 307 所示。

2）吸油行程

吸油过程中，燃油压力调节阀 N276 通电。在磁力的作用下，进油阀克服弹簧力而打开。随着泵活塞下行，在泵腔内会产生一个压降，燃油从低压端流进泵腔。靠泵活塞的下行提供吸油的动力，同时打开进油阀，燃油被吸入泵腔。在泵活塞行程的最后 1/3 段，燃油压力调节阀通电，使得在泵活塞向上运动的初期进油阀仍然打开来进行回油，如图 308 所示。

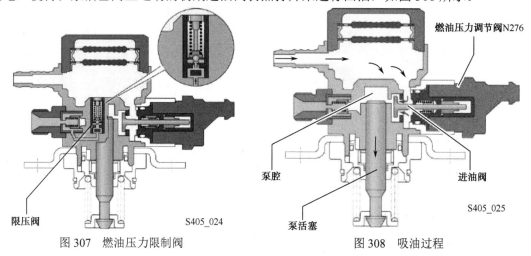

图 307　燃油压力限制阀　　　　图 308　吸油过程

3）回油行程

为了控制实际的供油量，进油阀在泵活塞向上运动的初期还是打开的，多余的燃油被泵活塞挤回低压端。缓压器的作用就是吸收这个过程中产生的压力波动，如图 309 所示。

4）泵油行程

在泵油行程的初期，燃油压力调节阀断电，使得进油阀在泵腔内升高的压力和阀内的关闭弹簧共同作用下关闭。泵活塞上行，在泵腔内产生压力，当压力超过油轨内压力时，出油阀就被打开，燃油被泵入油轨，如图 310 所示。

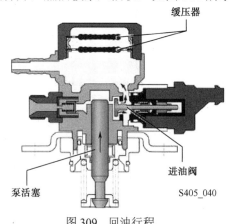

图 309　回油行程

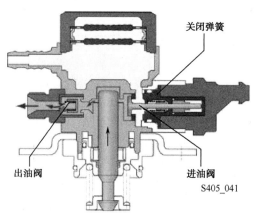

图 310　泵油行程

失效影响：N276 断电的时候关闭，也就是说，当这个阀失效时，燃油压力会一直上升，直到达到 140bar 时限压阀打开。发动机控制单元根据高压的情况匹配喷嘴打开时间，同时发动机转速限定在 3000r/min（视车型不同）。

070 宝马高压泵

宝马 HPI 直喷系统高压油泵安装位置如图 311 所示。

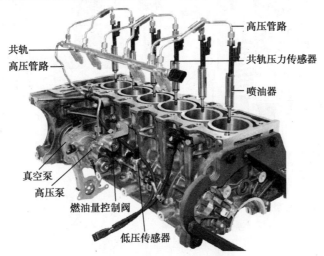

图 311　高压油泵安装位置

EKP（输油泵控制单元）产生的预压使燃油通过入口输送至高压泵内。燃油从此处通过燃油量控制阀和低压单向阀进入泵元件的燃油室内，如图 312 所示。燃油在该泵元件内加压并通过高压单向阀输送至高压接口。高压泵通过驱动法兰与真空泵相连，因此也由链条传动机构来驱动。也就是说，只要发动机运转，3 个高压活塞就会在摆动盘的作用下持续进行往复式运动。因此，会随着新燃油通过燃油量控制阀进入高压泵持续对燃油加压。燃油量控制阀由发动机管理系统接口进行控制，从而提供所需燃油量。燃油量控制阀以打开或关闭燃油供给通道的方式调节压力。

高压区域内的最大压力不得超过 245bar。如果压力过高，就会通过溢流阀经接口（溢流阀出口和溢流阀入口）向低压区域释放高压循环回路的压力。由于燃油无法压缩，因此这种方法完全可行。也就是说，燃油体积不会随着压力的改变而改变。向低压区域释放压力时通过该区域内的油液体积抵消所产生的压力峰值。因温度变化而造成的体积变化通过与高压泵供油装置相连的热补偿器进行补偿。

在高压泵的泵元件内产生压力：由摆动盘驱动的高压活塞在其上移期间将机油（红色）压入金属膜内，金属膜体积增大后减小了可利用的燃油室空间，燃油（蓝色）在压力作用下压入共轨内，如图 313 所示。

燃油量控制阀控制共轨内的燃油压力。发动机管理系统通过一个脉冲宽度（PWM）信号对其进行控制。

根据控制信号使节流阀横截面以不同大小开启，并调节相应负荷点所需的燃油质量流量。此外，还能降低共轨内的压力。

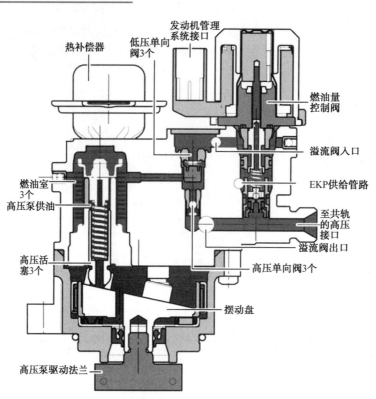

热补偿器

低压单向
阀3个

发动机管理
系统接口

燃油量
控制阀

溢流阀入口

燃油室
3个
高压泵供油

EKP供给管路

至共轨
的高压
接口

溢流阀出口

高压活
塞3个

高压单向阀3个

摆动盘

高压泵驱动法兰

图 312 带有燃油量控制阀的高压泵

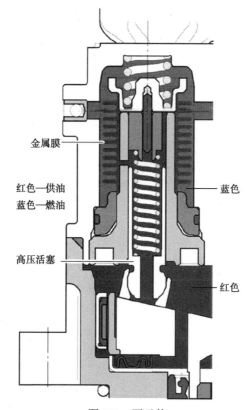

金属膜

蓝色

红色—供油
蓝色—燃油

高压活塞

红色

图 313 泵元件

　　应急运行模式：如果诊断出系统内存在故障，如高压传感器失灵，就会切断燃油量控制阀的供电；燃油随即通过一个所谓的旁通阀进入共轨内，如图 314 所示。

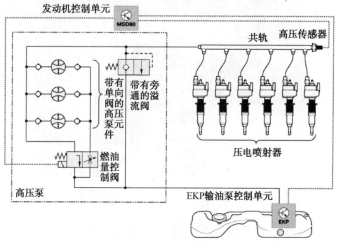

图 314　燃油系统

　　HPI 处于应急运行模式的原因可能是：①高压传感器信号不可信；②燃油量控制阀失灵；③高压系统泄漏；④高压泵失灵；⑤高压传感器失灵。

071　大众直喷发动机喷油器

　　大众奥迪目前都采用 6 孔喷油器，其内部结构与传统喷油器相似，安装位置如图 315、图 316 所示。喷油器上有 6 个精细的机械孔，可以喷射出圆锥形的雾状燃油，这种结构可在节气门全开或在预热催化转化器阶段的二次喷射过程中，避免油束覆盖整个活塞顶部，可大大降低碳氢化合物的排放。当发动机冷机时，更少的燃油混入发动机机油中。

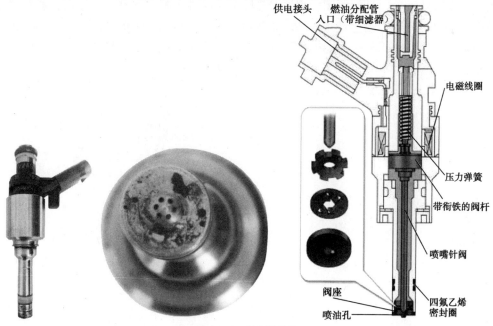

图 315　喷油器结构

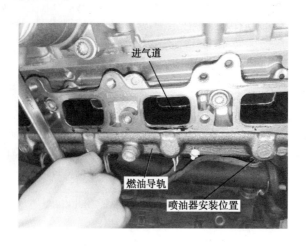

图 316　喷油器安装位置

09 款高尔夫 A6、奥迪 1.4 发动机控制单元控制喷油器的电压为 65V，控制单元内部有 DC/DC 变压器将 12V 转换成 65V。喷油器阀针开启时需要 12A 的电流，但保持开启仅需 2.6A 的电流。喷油器的驱动电压约为 65V，但这只是在喷油器阀针开启的一刹那施加 65V 电压，然后阀针继续保持张开时，只加载较小的 12V 电压。喷油器末端细长，以提高冷却效果。喷油器有一个安装卡夹，只要拆卸就要更换。

检测：新款大众奥迪 Q3、迈腾 2.0、速腾喷油器阻值约为 2Ω。怠速实测电压约为 0.168V，2000r/min 喷油器电压约为 1.7V，3000r/min 喷油器电压约为 1.8V。注：在检测各缸喷油器是否工作时，可以将各缸点火缸线拔下，前提是喷油阻值及电压正常，然后短时间启动发动机，拆下火花塞查看各缸火花是否湿润，哪个缸不湿哪个缸喷油器不工作。

大众直喷发动机喷油器的工作过程：电磁线圈通电产生的电磁力使铁芯克服弹簧力而移动，与铁芯一起的针阀被打开，压力油便从喷口喷出。电磁线圈断电，其电磁力消失，铁芯在弹簧力作用下迅速回位，针阀关闭，喷油器立即停止喷油。喷油器是将汽油直接喷入燃烧室，对于单孔喷油器，其燃油喷射锥角为 70°，喷束倾角为 20°，如图 317 所示。多孔喷射器带有 6 个喷口，这比针阀式喷射器能提供更好的混合气。喷射角度可与燃烧室匹配。吸气和喷射同步可避免燃烧室表面和进气门表面湿润。喷射锥角为 50°，这些更改导致燃油雾化更好，HC 排放减少，机油稀释减弱，如图 318 所示。

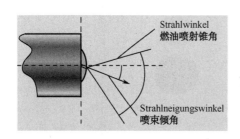

图 317　单孔喷油器的喷射锥角与喷束倾角

图 318　多孔喷油器

喷油器的开启过程可分为预励磁、升压、拾波和保持 4 个阶段，如图 319 所示。

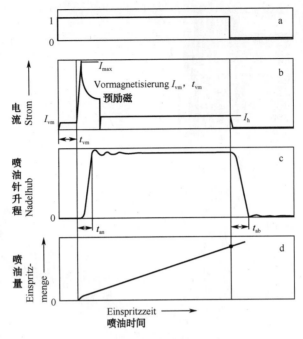

图 319　喷油器的开启过程

大众直喷发动机喷油器清洗后的基本设定方法：大众采用 TSI 缸内直喷技术发动机，清洗过喷油器后必须要做基本设定。方法为：启动发动机，运转至正常工作温度，用故障检测仪进入 01 发动机控制单元 l-04（基本设定）→200（通道号）→确定→根据提示同时把加速踏板和制动踏板踩到底并保持，等到数据块 1 区由数字变到 0，基本设定完成。全过程大约 10min。

072 宝马喷油器

宝马喷油器的结构与安装位置如图 320（a）、（b）所示。其控制高压喷射阀时需要大约 100V 电压，高压喷射阀打开时的恒定电压大约为 80V。通过采用带有大功率电容器的节拍式输出级，可使获得的车载网络电压达到 85～100V。

在输出级内一直有电流通过，直至达到某一关闭值。关闭后会产生一个感应电压，如 85V，随后这个电压施加到大功率电容器（升压器）上。

电容器电流为高压喷射阀提供 2.8～16A 的供电，DME 在接地侧控制高压喷射阀。

采用向外打开式压电喷射器实现了喷束导向式直接喷射，因此为 N54 发动机的整体创新提供了可能。因为只有这种喷射器才能确保喷入的燃油锥束保持稳定，即使燃烧室内受压力和温度的影响。这种压电喷射器可产生最高 200bar 的喷射压力并使喷嘴针以极快的速度打开。这样可摆脱受气门开启时间限制的工作循环而向燃烧室内喷射燃油。

压电喷射器与火花塞一起集成在进气门与排气门中间的汽缸盖内。安装在此处可避免喷入的燃油沾湿汽缸壁或活塞顶。通过气体在燃烧室内的移动以及稳定的燃油锥束，可形成均匀的燃油空气混合气。气体移动一方面受进气通道几何形状的影响，另一方面也受活塞顶形状的影响。喷入燃烧室内的燃油通过增压空气形成涡旋，直至点火时刻前在整个压缩室内形成均匀的混合气。

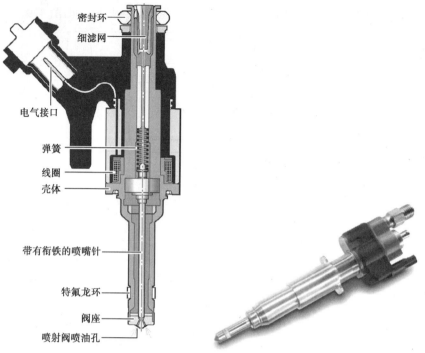

密封环

细滤网

电气接口

弹簧

线圈

壳体

带有衔铁的喷嘴针

特氟龙环

阀座

喷射阀喷油孔

（a）宝马直喷喷油器

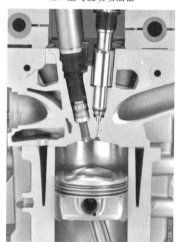

（b）向外打开式压电喷射器的安装位置

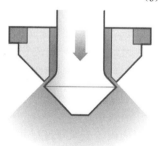

（c）向外打开式喷嘴针

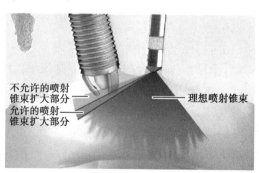

不允许的喷射
锥束扩大部分

允许的喷射
锥束扩大部分

理想喷射锥束

（d）向外打开式压电喷射器的喷射锥束

图 320　宝马喷油器

　　向外打开式喷嘴针：喷嘴针从其锥形针阀座内向外压出，因此形成一个环状间隙，如图 320（c）所示。加压后的燃油经过该环状间隙形成空心锥束，其喷射角度与燃烧室内的背压无关。

　　喷射过程中压电喷射器的理想喷射锥束可能会扩大。由于发动机内部会形成炭烟，因此这种现象在一定程度内允许出现且是很常见的，如图 320（d）所示。

　　但是，如果喷射角度扩大后喷射到火花塞上，则会导致火花塞损坏。

073　燃油压力传感器

1）大众燃油压力传感器

大众燃油压力传感器 G247 的安装位置如图 321 所示。

燃油压力传感器G247　　　S405_034

图 321　G247 的安装位置

　　燃油压力传感器用于检测发动机实际燃油压力。此传感器由印制电路板、传感器元件、隔离块（间隔块）和壳体等组成，安装在进气歧管下方靠近飞轮的一侧，用螺栓紧固在塑料制成的油轨上。它监控燃油系统高压部分的压力，并且把信号传给发动机控制单元。油轨内的压力保持恒定对减少排放、降低噪声和提高功率有重要影响，燃油压力在一个调节回路中进行调节，传感器的测量误差小于 2%。传感器的核心是一个钢膜，在钢膜上有应变电阻，要测量的压力经压力接口作用到钢膜的一侧，钢膜弯曲，如图 322 所示，引起应变电阻的阻值发生变化，分析电路将电信号处理放大后传递给控制单元，电路图如图 323 所示。

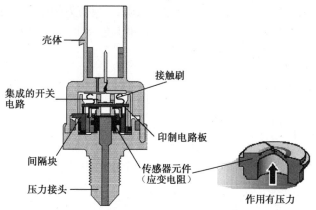

图 322　燃油压力传感器及安装位置

发动机控制单元给传感器供电，供电电压为 5V，压力升高时电阻降低，于是信号电压升高。燃油压力传感器的特性曲线如图 324 所示。

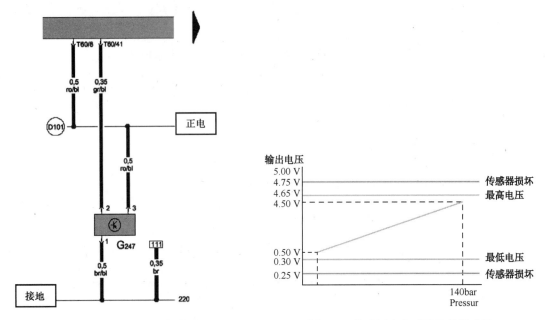

图 323　燃油压力传感器电路图　　　　图 324　燃油压力传感器的特性曲线

（1）信号作用。发动机控制单元根据这个信号，调节燃油压力调节阀来控制油轨内的燃油压力。如果这个信号反映出燃油压力无法调整，燃油压力调节阀会在泵油行程也通电，处于常开状态，这时整个系统压力降低至低压端的 5bar。

（2）失效影响。如果这个信号失效了，燃油压力调节阀会在泵油行程也通电，处于常开状态，这时整个系统压力降低至低压端的 5bar。发动机的输出扭矩和功率都会大幅下降。

（3）电路检测方法。

① 打开点火开关，检查燃油压力传感器插头端子 1 和 3 的电压为 5V，端子 3 和 2 的电压约为 2.631V。

② 检查传感器线束与发动机线束和 ECU 连接器端子有无损坏之处，若有损坏之处应修复或更换传感器线束。

③ 当燃油压力随着工况变化时 ECU 认为是故障，并以故障码 268 的形式存储该故障。由于故障的存在，直接导致发动机功率或转速降低，并且发动机工作粗暴。启动发动机，怠速运转，连接诊断仪确认是此故障码后清除。

2）宝马共轨高压传感器

共轨压力传感器（高压传感器）固定在不锈钢共轨上，如图 325 所示。燃油加压后暂时存储在共轨装置内并分配给相应的高压喷射阀。

燃油压力通过高压接口传至带有传感器元件的隔膜处。传感器元件将隔膜变形程度转化为相应的电信号。分析电路对该信号进行处理并将一个模拟电压信号发送至 DME。电压信号随燃油压力的增加以线性方式增加。

共轨压力传感器信号是一个重要的 DME 输入信号，用于控制油量调节阀（高压泵部件）。DME 为该传感器提供 5V 供电和接地连接。通过信号导线将信息发送至 DME。

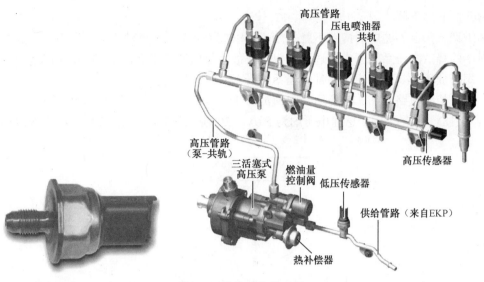

图 325　共轨压力传感器

可进行分析的信号随压力变化而变化。与测量范围（0.5～4.5V）相对应的共轨压力为 0（0bar）～16kPa（160bar）。

共轨压力传感器失灵时，DME 就会启用油量调节阀的应急运行模式。

074　燃油压力调节阀 N276

燃油压力调节阀 N276 装在高压泵的侧面，如图 326 所示。

图 326　燃油压力调节阀 N276

作用：按需求控制进入油轨的油量。

失效影响：与双涡轮增压的 1.4L TSI 发动机的区别是，燃油压力调节阀不通电就关闭，也就是说，当这个阀失效时，燃油压力会一直上升，直到达到 140bar 时限压阀打开。发动机控制单元根据高压的情况匹配喷嘴打开时间，同时发动机转速限定在 3000r/min。

在打开高压系统之前，必须释放高压。以前的调节阀的插头可以拔掉，电磁阀不通电，电磁阀常开，压力下降。

由于调节阀在不通电的情况下就关闭，所以拔掉插头后，燃油压力不会下降。因此，在功能导航中的释放高压系统压力的选项也包括在故障导航选项里面，可以在发动机运转时用来打开调节阀释放压力。需要注意的是，当系统升温时，系统压力会再次上升。

检测：控制电路如图327所示。阻值测量1～2约为12.3Ω。关闭点火开关端子1、2是常电，为12.18V，端子1～2怠速电压约为5.6V，2000r/min时端子1～2电压约为5.01V。

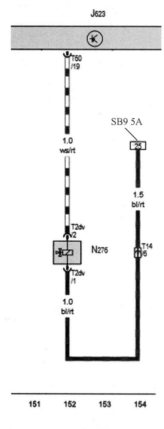

图327　控制电路

075　双级汽油泵

由于汽油极易汽化而形成气泡，引起泵油量明显减少，并导致输送压力的波动，为此在现代汽车上广泛采用双级电动燃油泵，即由两个电动燃油泵串联，使供油能力得以提高。

第一级（前置级）泵从油箱的底部抽取燃油并将燃油送入储油器。这样就可保证即使剩的燃油很少了，也可以供油。第二级（主级）泵直接从储油器中抽取燃油。

在现代汽车上，电动燃油泵采用双级泵的结构形式并将其安装在油箱内的趋势日益明显。双级泵由初级泵和主输油泵两者合成一个组件，由一个电动机驱动，如图328～图331所示。初级泵能分离吸油端产生的蒸气，并以较低的压力将燃油送到主输油泵内。

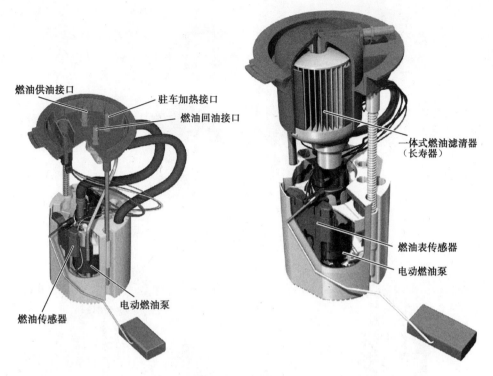

燃油供油接口

驻车加热接口

燃油回油接口

一体式燃油滤清器
（长寿器）

燃油表传感器

电动燃油泵

电动燃油泵

燃油传感器

图 328　汽油泵整体结构

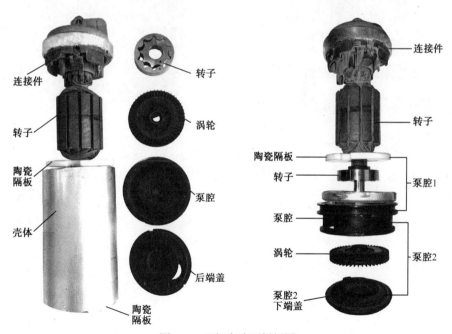

连接件

转子

连接件

转子

涡轮

转子

陶瓷
隔板

泵腔

陶瓷隔板

转子

泵腔1

壳体

泵腔

涡轮

泵腔2

后端盖

泵腔2
下端盖

陶瓷
隔板

图 329　双级汽油泵剖解图

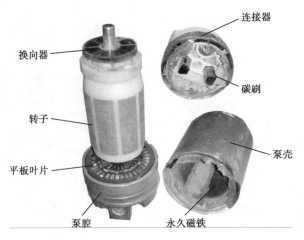

换向器
连接器
碳刷
转子
泵壳
平板叶片
泵腔
永久磁铁

图 330　双级汽油泵的内部结构

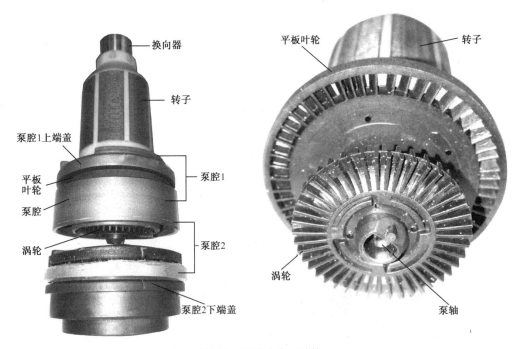

换向器
平板叶轮
转子
转子
泵腔1上端盖
泵腔1
平板叶轮
泵腔
涡轮
泵腔2
涡轮
泵腔2下端盖
泵轴

图 331　双级叶片泵结构

076　燃油箱结构

　　燃油箱容积约为90L，该油箱采用双层不锈钢板并用等离子焊接制成，汽油车和柴油车的油箱是一样的，如图332、图333所示。加油管是一个单独部件，它是焊接在油箱上的。为了保证撞车安全性，加油管的中部采用了波纹管形式。

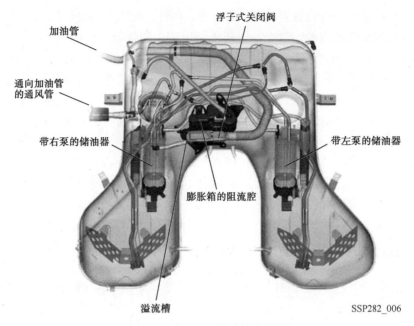

加油管

浮子式关闭阀

通向加油管的通风管

带右泵的储油器

膨胀箱的阻流腔

带左泵的储油器

溢流槽

SSP282_006

图 332　奥迪 A8 燃油箱结构图

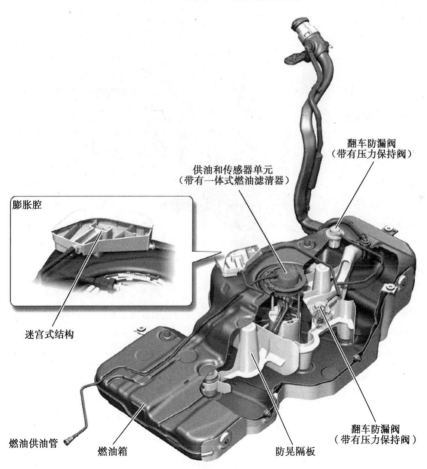

膨胀腔

迷宫式结构

供油和传感器单元
（带有一体式燃油滤清器）

翻车防漏阀
（带有压力保持阀）

翻车防漏阀
（带有压力保持阀）

燃油供油管

燃油箱

防晃隔板

图 333　奥迪 Q5 燃油箱

燃油经加油管进入油箱的右腔，从车的行驶方向看，燃油主要是经加油管底部的一个附加溢流槽流入右泵的储油器内的。这个小溢流槽可保证：即使加很少的油（如用小桶加油），油也会直接流入泵的储油器内。两个侧面的油腔是通过接到主油腔上的两个通风管来进行通风的。由于加油管是铺设在纵梁的下方的，所以该管的最低点没有与燃油箱相接，于是就产生了虹吸效应。加油管内留有一些剩余燃油，因此为了给主油腔通风，以及为了完成 OBD II 泄漏诊断检测，需要一根单独的通往加油口的管子。当油箱加满油时，加油管尾部的浮子式关闭阀就会关闭加油管。

在发生撞车时，这段波纹管区域就可以有一定的变形，从而可防止出现裂纹及燃油泄漏。加油管内的附加膨胀箱被取消，现在装在油箱内了。燃油油面的测量是通过两个插入管式传感器与两个角度传感器来完成的。

077 奥迪燃油箱内的浮子膨胀箱

膨胀箱或膨胀腔（容积约为 2L）的壳体是塑料的，如图 334 所示，它是用夹子固定在油箱的上部壳体上的。

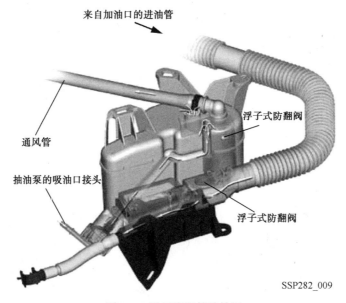

SSP282_009

图 334　浮子膨胀箱结构图

油箱内的膨胀箱内包含一个浮子式防翻阀和一个小抽油泵，该泵在车辆行驶过程中总是将膨胀箱内的燃油排空。浮子式防翻阀的主要功能如下。

（1）在翻车时关闭通向加油口的管路。

（2）在动态行车模式时关闭。

（3）如果由于油液晃动而造成膨胀箱内短时进油过多，那么阀内的浮子会浮起而关闭，通向活性炭过滤器的管路被关闭后，就可防止溢出的燃油进入活性炭过滤器。

第 5 章

进排气系统

078 进气系统

　　任何物体都必须在有氧气的前提下才能燃烧。汽车吸入空气是要和喷油器喷出的汽油在进气门前方或汽缸内混合形成可燃混合气。如果没有空气吸入，燃油就会燃烧不全或发动机不着火，理论上每吸进 14.7kg 的空气就完全燃烧 1kg 汽油。只有形成理论上的混合气，发动机才能工作。发动机工作时活塞由上往下移动，汽缸产生真空，空气→空气滤清器→空气流量传感器→节气门体→进气道→在进气门前方与燃油形成混合气→工作缸进气门开启进入汽缸，如图 335～图 337 所示。

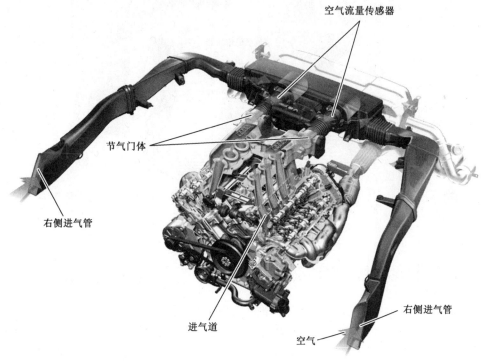

空气流量传感器

节气门体

右侧进气管

进气道

空气

右侧进气管

图 335　奥迪 R8 进气系统

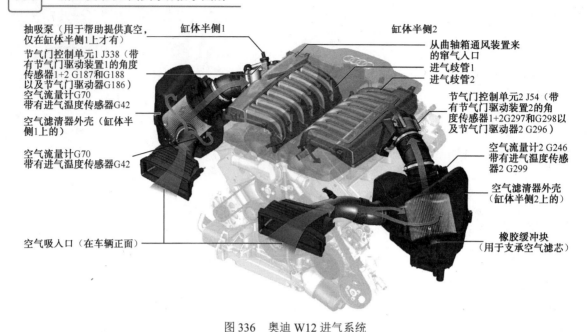

图 336　奥迪 W12 进气系统

抽吸泵（用于帮助提供真空，仅在缸体半侧1上才有）
缸体半侧1
缸体半侧2
从曲轴箱通风装置来的窜气入口
节气门控制单元1 J338（带有节气门驱动装置1的角度传感器1+2 G187和IG188以及节气门驱动器G186）
进气歧管1
进气歧管2
空气流量计G70带有进气温度传感器G42
节气门控制单元2 J54（带有节气门驱动装置2的角度传感器1+2G297和G298以及节气门驱动器2 G296）
空气滤清器外壳（缸体半侧1上的）
空气流量计2 G246带有进气温度传感器2 G299
空气流量计G70带有进气温度传感器G42
空气滤清器外壳（缸体半侧2上的）
空气吸入口（在车辆正面）
橡胶缓冲块（用于支承空气滤芯）

热膜式空气质量流量计
进气消音器盖
滤清器
进气消音器
曲轴箱通风装置接口
B
进气集气管
废气涡轮增压器
D
增压空气压力温度传感器
增压空气管
A
增压空气管
C
增压空气冷却器
进气管未过滤空气管路

Ⓐ—未过滤空气；　Ⓑ—洁净空气；　Ⓒ—加热后的增压空气；　Ⓓ—冷却后的增压空气

图 337　宝马发动机进气系统

079　废气涡轮系统的组成

废气涡轮增压技术是指利用发动机排出的高温高压气体的能量驱使涡轮机高速运转，并带动同轴上的压气机，大气经压气机压缩增压后进入进气管系统而后进入汽缸的技术，因而使发动机每个循环都可以吸入更多空气，从而提高进气效率，达到提高发动机输出功率的目的。

燃料燃烧过程中释放出来的大量热能转换为汽缸内气体的内能，涡轮增压器利用此部分内能转变为机械能驱使涡轮机转动，排气释放能量后压力、温度都进一步降低，变为机械能的部分最后又经压气机转变为进气的压力能，提高了进气压力。有的增压器中还设有低压箱，可以通过控制叶片来控制排气纳入的多少，根据发动机工况的需要来调节。

常用的废气涡轮增压系统主要由空气滤清器、增压器（压气机和涡轮机）、中冷器等组成，图 338 所示为废气涡轮增压系统的组成。

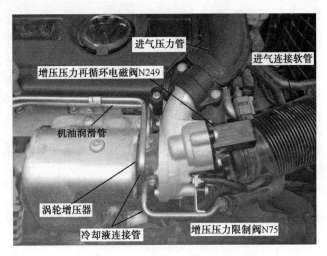

图 338　废气涡轮增压系统的组成

增压器是主要组成部件，根据空气进入的方式分为径流式和轴流式两种。车用发动机上一般为径流式，包括两部分，涡轮机和压气机。涡轮机的进气口与排气管相连，出气口与排气口相连；压气机进气口与进气系统的空气滤清器相连，加压后的气体从压气机的出气口与进气压力管相连。压气机和涡轮机的叶片安装在一根转动轴上。

080　谐振进气系统

由于进气具有间歇性和周期性，致使进气歧管内产生一定幅度的压力波。此压力波以声速在进气系统内传播和往复反射。如果利用一定长度和直径的进气歧管与一定容积的谐振室组成谐振进气系统，如图 339 所示，并使其自振频率与气门的进气周期调谐，那么在特定的转速下，就会在进气门关闭之前，在进气歧管内产生大幅的压力波，使进气歧管的压力增高，从而增加进气量。谐振进气的优点是没有运动部件，工作可靠，成本低，但只能增加特定转速的进气量和发动机转矩。

081　大众、奥迪废气涡轮增压系统

废气涡轮增压器和排气歧管是安装在一起的。增压压力再循环阀 N249 和增压压力限制阀 N75 都是可以单独更换的。在研发阶段，重点放在了发动机低转速时涡轮增压器的反应速度上。因此，涡轮和叶轮设计得非常精密，直径分别是 37mm 和 41mm，如图 340 所示。

因此，涡轮增压在比怠速稍高一点的转速上就会启动。旁通阀的直径是 26mm，来卸掉多余的排气压力。这样设计的结果就是在 1250r/min 时，就可以达到最大输出扭矩的 80%，在 1500r/min 时就达到了最大输出扭矩 200N·m，最大输出功率在 5000～5500r/min 之间达到。最大有效增压压力达到 1.8bar 的绝对压力。

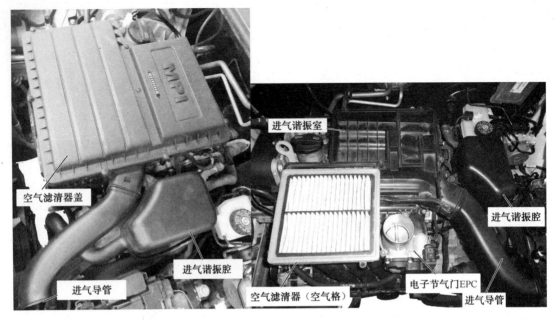

图 339　新款捷达进气系统

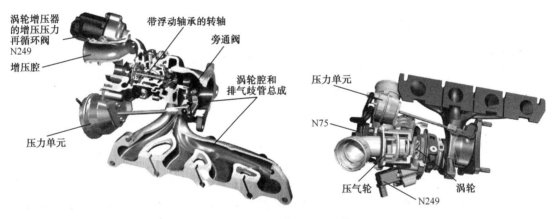

图 340　废气涡轮增压器结构

大众增压器工作原理如下。

大众发动机怠速运行时，空气再循环阀控制管通过空气循环阀 N249 与进气歧管相通，由于怠速时进气歧管真空度大，真空作用力使机械式空气再循环阀打开，增压器被直接卸荷，不起增压作用。当发动机高速运行时突然松油门，进气歧管真空吸力不足以打开机械式空气再循环阀，电脑控制空气循环阀 N249，使机械式空气再循环阀真空控制管与真空罐相通，强大的真空吸力打开机械式空气再循环阀，增压器被直接卸荷。

当发动机处于中低速小负荷运行时，N75 断电，使增压压力调节单元控制管路与增压后的高压空气相通，若增压压力增大，作用在增压压力调节单元上的力也增大，旁通阀开口大，于是增压压力下降，实现自动调节。

当发动机加速或高速大负荷运行时，N75 由发动机 ECU 以占空比的方式控制，使增压压力调节单元控制管路与低压空气相通，增压压力调节单元上的作用力小，旁通阀关闭，增压压力增大。

082　增压压力调整电磁阀

1）增压压力限制电磁阀 N75

增压压力限制电磁阀 N75 工作原理图如图 341 所示。

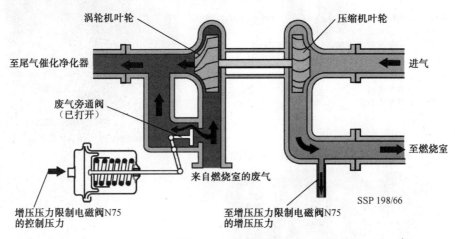

图 341　工作原理图

作用：①控制增压压力；②将压力气体引到压力单元；③打开旁通阀，降低增压压力。

增压压力的调节主要由增压压力限制电磁阀 N75 来进行相应的控制，它通过废气旁通阀进行系统压力的调节。

增压压力限制电磁阀 N75 本身连接三条空气管，一条连接在涡轮增压器前部（未增压，相当于大气压力），一条连接在涡轮增压器后部（经过涡轮增压后的增压压力），还有一条是连接在废气泄放阀上的，控制泄放阀的打开和关闭，如图 342 所示。

在无电流状态下，N75 关闭，增压压力直接作用在压力罐上。增压压力调节阀在增压压力较低时打开，这样在增压压力调节失灵时便会限制在基本增压压力，以避免超出最大增压压力，结果是丧失一些功率。

基本增压压力是不用调节便可达到的增压压力，为 300～400mbar。废气涡轮增压器增压的最大限度是 1.6～1.8bar。

检查废气涡轮增压器的压力罐：前提条件是从废气涡轮增压器经过增压压力限制电磁阀 N75 到压力罐的软管必须导通和密封，增压压力限制电磁阀 N75 正常。

工作步骤：

（1）拧出螺栓（箭头所指处）并取下废气涡轮增压器的隔热板，如图 343 所示。

（2）将软管从压力罐上拔出，如图 344 所示。

（3）将手动真空泵的软管接到压力罐的管接头上。

（4）将手动真空泵上的开关环沿箭头方向推至极限位置。反复操作手动真空泵。

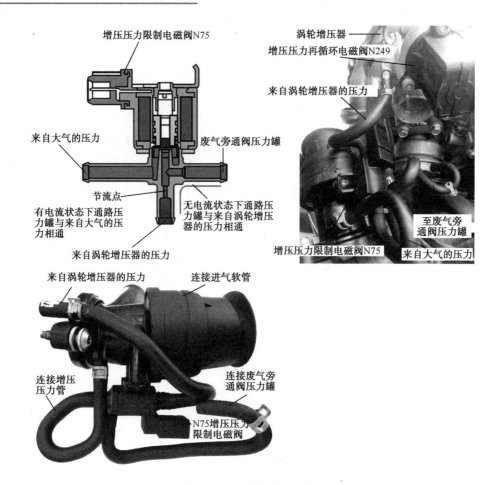

图 342　N75 的三条空气管

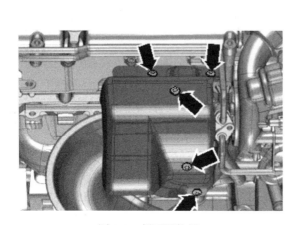

图 343　拆下隔热板

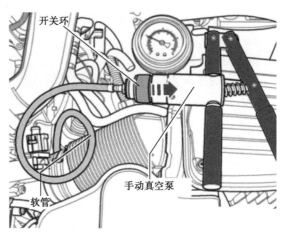

图 344　将软管从压力罐上拔出

（5）观察废气涡轮增压器压力罐的传动杆 1，如图 345 所示。从约 300mbar 起，传动杆必须移动。在约 800mbar 时，传动杆必须位于调节行程的末端。

（6）沿箭头 A 移动开关环，给手动真空泵放气，如图 346 所示。传动杆必须沿相反的方向移动。提示：检查传动杆在整个调节范围里的运动过程，它必须是连续的和无振动的。安装顺序与拆卸时相反。废气涡轮增压器隔热板的拧紧力矩为 8N·m。

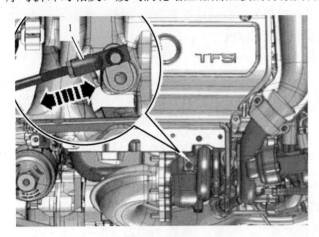

图 345　增压器压力罐的传动杆动作

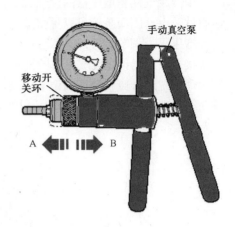

图 346　沿箭头 A 移动开关环

失效影响：压力单元常通增压气体，增压压力降低，功率下降。

检测：端子 1～2 间阻值 R=26.2Ω，打开点火开关端子 1 与搭铁间电压为 12V，端子 2 与搭铁间电压为 12V，N75 控制电路如图 347 所示。

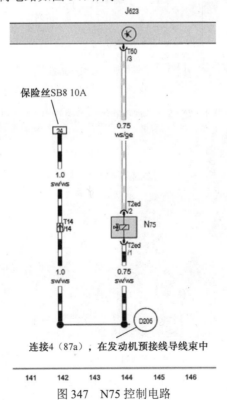

图 347　N75 控制电路

2）宝马废气旁通阀电子气动压力转换器

发动机装有一个所谓的双管废气涡轮增压器，如图 348（a）所示。为了不让驾驶员感觉到所谓的"涡轮效应滞后"，在宝马发动机上用两个相互并联的小型涡轮增压器解决该问题。汽缸 1、2 和 3（汽缸列 1）驱动废气涡轮增压器，汽缸 4、5 和 6（汽缸列 2）驱动另一个废气涡轮增压器。

　　小型废气涡轮增压器的优点在于，在废气涡轮增压器加速过程中由于涡轮惯量较小因此加速质量较小，因而泵轮可以更快地达到较高的增压压力。

　　增压压力调节装置：废气涡轮增压器的增压压力与到达废气涡轮增压器涡轮处的废气气流有直接关系。无论是废气气流的速度还是质量，都直接取决于发动机转速和发动机负荷。发动机管理系统通过废气旁通阀调节增压压力。废气旁通阀由真空执行机构操纵，这些执行机构由发动机管理系统通过电子气动压力转换器（EPDW）来控制，安装位置如图348（b）所示。

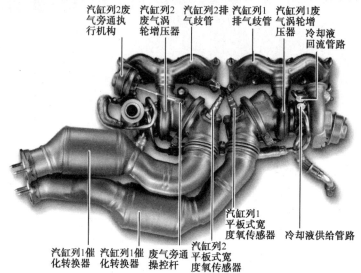

（a）废气涡轮增压器

（b）废气旁通阀电子气动压力转换器

图 348　废气涡轮增压器与废气旁通阀电子气动压力转换器

　　持续运行的发动机真空泵产生真空并将其存储在一个蓄压器内。这样可以确保这些用电器不会对制动助力功能产生不利影响。通过废气旁通阀可将全部或部分废气气流输送至涡轮处。达到所需增压压力时，废气旁通阀开始打开，部分废气气流通过旁通通道排出。这样可防止通过涡轮继续提高泵轮转速。通过这种控制方法可处理各种运行状况。处于怠速阶段时，两个废气涡轮增压器的废气旁通阀均关闭。其结果是，全部废气气流在这些低发动机转速阶段都用于泵轮加速。需要提高发动机功率时，泵轮可立即提供所需增压压力（不会感觉到延时）。

在满负荷情况下，达到最大允许扭矩时通过部分开启废气旁通阀保持一个较高的恒定增压压力值。泵轮始终根据运行情况保持相应的转速。通过开启废气旁通阀可降低涡轮的驱动力，因此不会进一步提高增压压力，不会增加耗油量。

在满负荷运行模式下，发动机进气管内的最高表压力为 0.8bar。

因此在 1600r/min 转速时即可达到最大扭矩，几乎没有"涡轮效应滞后"问题。

DME 通过一个废气旁通阀对增压压力进行无级调节。由一个隔膜盒以气动方式控制废气旁通阀。电子气动压力转换器使隔膜盒承受负压（真空）。

电子气动压力转换器通过两根导线与 DME 相连，通过 DME 主继电器为其提供车载网络供电。DME 在接地侧以 250Hz 通过脉冲宽度调制方式控制电子气动压力转换器。

脉冲占空因数可为 0%～100%，工作电压范围为 10.8～16V。可根据脉冲占空因数对负压进行无级调节。

083　涡轮增压器的控制

1）大众奥迪循环空气阀 N249

作用：①避免收加速踏板时产生气体噪声和造成叶轮击伤；②将涡轮增压前后导通来保持压力平衡；③防止增压腔内压力背压过高，形成倒拖制动。

为了避免在从高负荷突然过渡到滑行状态时废气涡轮增压器产生气体冲击，安装了循环空气阀 N249。

当发动机高速运行，驾驶员在迅速收油门时，涡轮增压器排气侧的增压气体未能迅速减少，增压器的叶轮转速依然很高，但进气侧由于节气门的暂时关闭，导致进气侧气体供给不足，从而导致进气侧叶轮受到比较大的空气阻力，影响舒适感及增压器寿命。

而安装了 N249 循环空气阀后，相当于是在增压后及增压前建立了一个短路通道，当遇到上述情况时就将此通道打开，避免了不利情况的发生，工作原理图如图 349 所示，N249 结构图如图 350 所示。

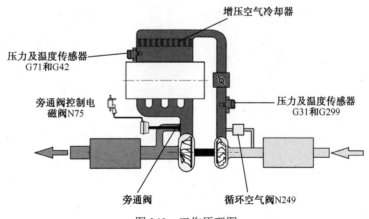

图 349　工作原理图

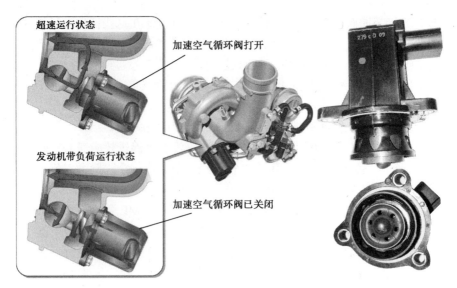

图 350　N249 结构图

　　失效影响：常开会造成压力和动力的损失，断路会造成增压噪声。

　　检测：端子 1～2 间阻值 R=58～61.6Ω。电压检测：打开点火开关端子 2 与搭铁间电压为 12V，端子 1 与搭铁间电压为 12V，N249 控制电路图如图 351 所示。

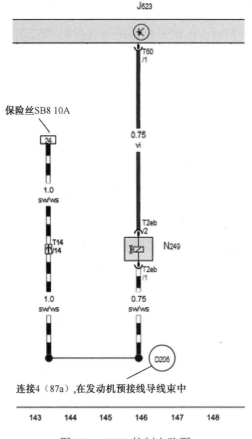

图 351　N249 控制电路图

2）宝马循环空气减压阀

循环空气减压阀直接固定在废气涡轮增压器上，如图 352 所示。

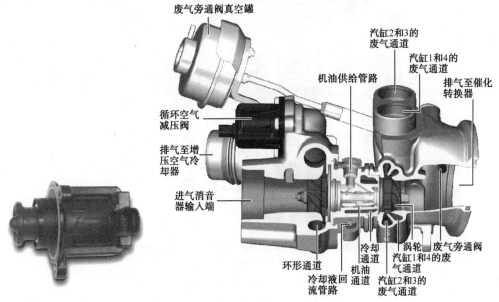

图 352　循环空气减压阀及安装位置

为了避免在节气门突然关闭的情况下（如换挡时）泵轮强烈振动，循环空气减压阀打开。因此在压缩机周围形成一个循环回路。循环空气减压阀防止在节气门关闭的情况下泵送空气，从而减轻发动机噪声。

其他效果：节气门重新打开时，废气涡轮增压器迅速响应。如果没有循环空气减压阀，废气涡轮增压器就会在克服关闭节气门后产生冲击压力的情况下进行工作并减慢速度。

节气门打开时，废气涡轮增压器也会延迟做出响应。

循环空气减压阀通过两根导线与 DME 相连。通过 DME 主继电器为其提供车载网络供电。DME 在接地侧控制循环空气减压阀。

084 奥迪涡轮增压器

1）增压压力调节器 V465

奥迪四缸涡轮增压发动机首次使用了电控泄放阀调节器，如图 353 所示。这种技术与以前使用的高压单元相比，有如下优点。

①响应速度和精度更高；②能不依赖当前的增压压力来实施控制；③因为卡止力较大，所以即使在发动机转速低至 1500r/min 时，也能保证发动机输出 320N·m 的最大力矩；④在部分负荷时主动打开泄放阀，可以降低基本增压压力，在 MVEG-循环中，这可以减少 1.2g CO_2/km（也就是省油了）；⑤在催化净化器预热时主动打开泄放阀，可以使得催化净化器前的废气温度增高 10℃，这样就使得冷启动排放降低了；⑥由于电控泄放阀调节器的调节速度快，在负荷往降低方向变化时（怠速滑行），可以让增压压力立即下降，这对改善涡轮增压器的声响特性尤其有利（排气的呼啸声）。

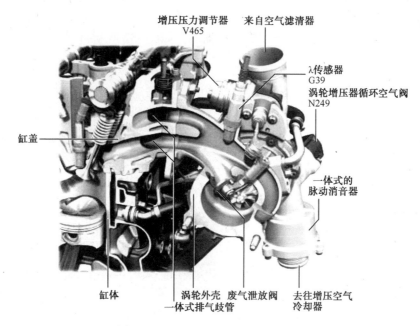

图 353　EA888 2.0 发动机涡轮增压器

2）工作原理

直流电动机借助于减速机构和推杆来让泄放阀翻板运动，如图 354 所示。在下机械止点时，由泄放阀翻板座上的外止点限制这个运动；在上机械止点时，由壳体上的减速机构内挡铁来限制运动。

直流电动机的操控由发动机控制单元来执行，操控频率为 1000Hz。推杆在其长度方向可以调节，因此在更换了调节器后可以调节泄放阀翻板位置。

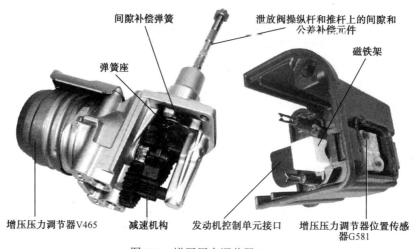

图 354　增压压力调节器 V465

3）增压压力调节器位置传感器 G581

增压压力调节器位置传感器 G581 安装在增压压力调节器减速机构的壳体端盖上。在这个端盖上，还有一个磁铁架，带有两块永久磁铁。

磁铁架在壳体端盖中导向并压在减速机构内的弹簧座上。如果移动了推杆，那么它就会经过霍尔传感器的磁铁（该磁铁也在壳体端盖上），并获知调节行程的实际值。调节行程用模拟的线性电压信号来输出，其控制电路如图 355 所示。

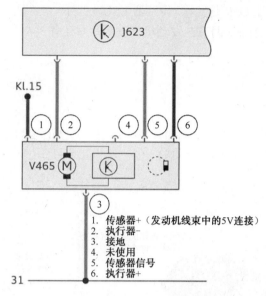

1. 传感器+（发动机线束中的5V连接）
2. 执行器−
3. 接地
4. 未使用
5. 传感器信号
6. 执行器+

图 355　增压压力调节器位置传感器 G581 控制电路

由于废气温度更高了（约 980℃）且将λ传感器 G39 布置在壳体内涡轮的前面，为了满足这种要求，涡轮壳体采用一种新的铸钢材质来按壳体形状制成（与第 2 代是不同的）。为了可以实现尽可能好的点火顺序，采用了双流式通道布置，一直延伸到紧靠涡轮的前面。由于涡轮壳体外形尺寸很紧凑，因此其与缸盖的螺栓连接就采用了标准的螺栓和螺母来实现了。涡轮设计成混流式涡轮。

4）压气机壳体和压气机转子

由于增压压力调节器 V465 的调节力是较大的，因此压气机壳体的强度加大了，它是用铸铝制成的。除了压气机转子外，还集成有脉动消音器、涡轮增压器循环空气阀 N249 以及曲轴箱通风和燃油箱通风装置出来的废气引入口，如图 356 所示。

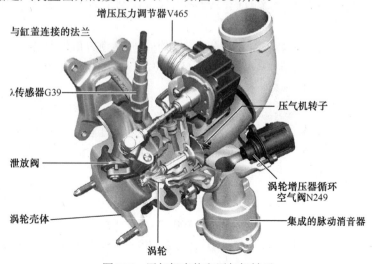

图 356　压气机壳体和压气机转子

压气机转子是整体铣削出来的，使得转速更稳、噪声更小。λ传感器 G39（在催化净化器前）安装在最佳位置处，所谓最佳位置，是指每个汽缸的废气在此处流经涡轮壳体前方，但同时温度又不过高。λ传感器 G39 是宽频λ传感器 LSU 4.2。

这可明显让露点提前且让λ调节在发动机启动后尽早工作（6s），还能更好地识别各汽缸。

085 三元催化器

1）三元催化器结构

三元催化器由催化剂载体、催化剂和外壳等组成，其结构如图 357 所示。三元催化器串接在排气歧管和消声器之间，氧传感器之后。

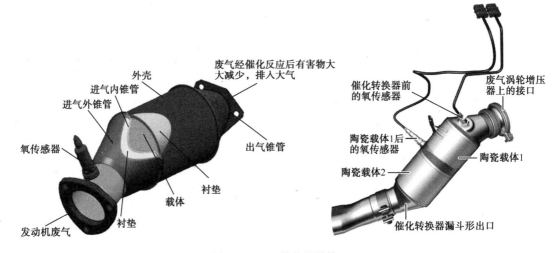

图 357　三元催化器结构

大多数三元催化器以蜂窝状陶瓷作为承载催化剂的载体，经特殊工艺处理的蜂窝状陶瓷载体能提供非常大的表面积，以促进化学反应快速进行。在陶瓷载体上浸渍铂（或钯）和铑的混合物作为催化剂。铂和钯是氧化催化剂，当 HC 和 CO 与布满铂、钯的热表面接触时，HC 和 CO 就会分别与氧气化合成 H_2O 和 CO_2。铑是还原催化剂，当 NO_x 与炙热的铑接触时，NO_x 就会脱去氧，还原为 N_2。

排放物流入三元催化器，被吸附在催化剂表面上，吸附物质与气体分子或相邻的被吸附分子进行化学反应，形成低能量的反应产物。这种反应产物很容易从表面上脱附，并随排气流排出，进入外部空间，催化剂本身并不参加反应。

在理论空燃比的混合气浓度下，铂促使 HC 和 CO 氧化，而铑同时使 NO_x 还原。因为 NO_x 在催化转换器中的还原需要 HC 和 CO 作为还原剂，如果氧过量，即燃用稀混合气时，这些还原剂首先和氧反应，则 NO_x 的还原反应就不能进行。而如果空气不足，即氧浓度不够时，HC 和 CO 就不能被完全氧化。

2）工作条件

（1）三元催化器的最佳工作温度为 375～800℃，短时耐受温度为 900℃。

（2）14.6～14.7 空燃比的混合气在发动机汽缸内燃烧后经三元催化器过滤，转化成无害的气体排出。

（3）装用催化器的发动机只能使用无铅汽油。

（4）发动机调节不当，如混合气过浓或汽缸缺火，都将引起转换器严重过热。

3）清洗三元催化器的方法

可以每隔 30000km 将三元清洗剂罐接入进气总管的任意一根真空管上，启动发动机，保持 2000～2500r/min 速度运转，利用发动机工作时进气系统内的真空度将三元清洗剂逐渐吸入，每次清洗通常需要 20～25min，直至罐内清洗剂用完为止。通过此种方法，可以有效地清洗进气门、燃烧室、氧传感器、三元催化器。SO_2 和 TWC 内的钢丝网或多孔陶瓷上的积炭即可清除干净，使其恢复到正常的工作状态，用此法就不会出现氧传感器和三元催化器因堵塞而报废的故障。4 缸发动机用 1 罐清洗剂即可，6 缸和 8 缸机需用 2 罐清洗剂。

4）清洗后的调试

清洗后的调试包括两方面内容，首先，对控制单元进行重新设定，尤其是采用电动节气门的发动机，对欧Ⅱ、欧Ⅲ和欧Ⅳ标准车辆的电动节气门或怠速步进电动机、喷油时间和点火时间需要重新设定，否则就会带来新的故障。其次，清洗后要运行一段时间再做尾气检测，刚清洗后许多药液沉积在 TWC 的表面，有时会参加反应，应该在 TWC 达到正常工作温度后，再跑一会儿即可。清洗喷油器也一样，刚洗完喷油量增大一倍，立即测尾气，CO 含量会比清洗前明显提高，所以清洗喷油器后也需要运行一段时间再做尾气测试。

5）三元催化器的故障

（1）表层颜色为红褐色，为燃油中含硫过多所致。

（2）底层颜色为灰白色，为燃油中含铅过多所致，如图 358 所示。

图 358　三元催化器中毒且严重堵塞

（3）解体正常车，如图 359 所示，排气管无中毒、堵塞迹象。

建议：通过堵塞物质颜色分析燃油品质，化被动为主动。迈腾 1.8TSI 发动机对燃油品质要求高，劣质的燃油将会对低压油泵、高压喷油嘴、三元催化器造成潜在的失效影响；建议用户重视保养，在每次加油时，推荐使用 97 号汽油并添加 1/3 瓶燃油添加剂。

炭黑色，
正常

图 359　正常三元催化器内表面状态

086　曲轴箱通风系统

缸体的排气通风系统也一直被不懈地研发。缸体和周围的空气环境的压力比（Druckverhältnis）产生巨大的压力落差（Druckgefälle），也对机油消耗产生积极影响。

此外，精简零件在研发中也受到极大的关注。所以在发动机主机外只保留一条管道用于导引被净化过的含汽油燃气（Blow-by-Gase）。

这个系统包括如下部分：①缸体中的粗油气分离器；②粗油气分离器模块，拧紧在缸盖罩盖上；③使用软管（Verschlauchung）导引净化过的含汽油燃气；④机油在缸体内的回流通过单向阀（Sperrventil）进入油底壳内的飞溅隔板，如图 360 所示。

粗油气分离器是缸体的一部分。通过在迷宫式的密封装（Labyrinth）中的方向改变，有一部分机油被分离出来。这部分被分离出来的机油通过缸体中的回流油道流回油底壳。回流油道终点位于油位之下，如图 361 所示。

初次经过清洁的含汽油燃气从缸体中通过一个通道流向缸盖，最终到达精油气分离器单元。在这里含汽油燃气首先要经过旋风过滤器（Zyklonabscheider）的清洁。这些被分离过的机油流出旋风过滤器，流入一个单独的油道通过缸体流回油底壳中。该油道的终点也位于油位之下。单向阀防止在不正常的压力差产生时，机油被从油底壳里反向抽出。在运动挡性质状态下（较强的横向加速度/Querbeschleunigung）有可能回流油道会空置，因为机油在油底壳中被晃至一侧。

同样，在此情况下，回流油道的单向阀会保持闭锁。这种阀门的原理基于叶片阀（Flatterventil）。

被清洁过的含汽油燃气通过单级的压力调节阀被导引用于燃烧。这种压力调节阀可对 100mbar 到正常空气压力之间的范围进行调节。气体供应系统中的压力差决定在什么位置进行导入。

清洁过的混合燃气被输送用于燃烧经粗油气分离器清洁，并通过压力调节阀的含汽油燃气被导引用于燃烧。气体控制的实现通过自动开关的止回阀（Rückschlagventil），该止回阀集成在粗油气分离器单元中。

在发动机停机时，止回阀会恢复到起始位置在废气涡轮增压器侧开启，进气管侧关闭。

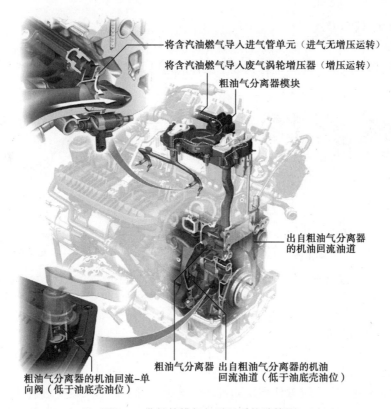

将含汽油燃气导入进气管单元（进气无增压运转）

将含汽油燃气导入废气涡轮增压器（增压运转）

粗油气分离器模块

出自粗油气分离器
的机油回流油道

粗油气分离器　出自粗油气分离器的机油
回流油道（低于油底壳油位）

粗油气分离器的机油回流–单
向阀（低于油底壳油位）

图 360　曲轴箱排气与通风系统结构图

1）全负载运转（增压运转）

如果增压空气管道普遍超压，止回阀 1 会自动关闭。由于缸体内压和涡轮增压器进气侧的压力差异，此时止回阀 2 会开启，如图 362 所示，含汽油的燃气被吸入涡轮增压器。

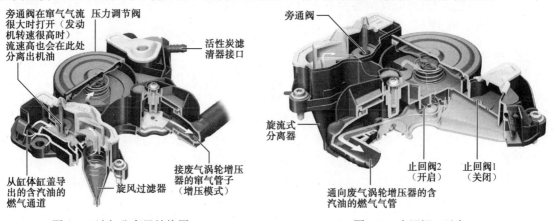

旁通阀在窜气气流
很大时打开（发动
机转速很高时）
流速高也会在此处
分离出机油

压力调节阀

活性炭滤
清器接口

从缸体缸盖导
出的含汽油的
燃气通道

旋风过滤器

接废气涡轮增压
器的窜气管子
（增压模式）

图 361　油气分离器结构图

旁通阀

旋流式
分离器

止回阀2　　止回阀1
（开启）　　（关闭）

通向废气涡轮增压器的含
汽油的燃气气管

图 362　止回阀 2 开启

2）怠速运转和低荷载运转（无增压运转/Saugbetrieb）

无增压运转中，进气管中的负压会打开止回阀 1，并关闭止回阀 2。被清洁过的含汽油的燃气通过进气阀被直接输送去燃烧，如图 363 所示。

3）缸体通风（PCV*）

缸体通风系统、粗油气分离器及压力调节阀安装在同一个模块单元的阀盖中。连接在涡壳前的排气管和缸体通风阀上的标定孔完成了缸体的通风。因此，通风系统被设计成只在无增压运转时实施通风，如图 364 所示。

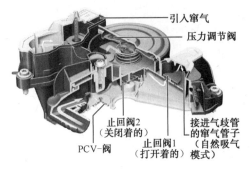

图 363　止回阀 1 开启

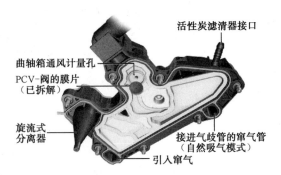

图 364　曲轴通风 PVC 阀位置

087　电子节气门

1）结构与安装位置

电子节气门安装在空气流量计和发动机之间的进气管上，用来改变进气通道面积，从而控制进气量和发动机运行工况。国产大众发动机都采用了电子控制节气门系统（以下简称电控节气门系统），其结构如图 365 所示。驾驶员踩下加速踏板，加速踏板传感器将加速踏板的位置转换为电信号，并传递给发动机 ECU，ECU 实时将驾驶员输入的信号传递给节气门执行器（电动机），执行器将节气门转动到相应的角度。ECU 可以独立于加速踏板的位置，调整节气门的位置。其优点是发动机可以根据各种不同的需求（如驾驶员输入的信号、废气的排放、燃油消耗及安全性等）确定节气门的位置。

2）电子节气门控制策略

（1）基于发动机扭矩需求的节气门控制。电控节气门开度并不完全由加速踏板位置决定，而是发动机控制单元根据当前行驶状况，以及整车对发动机的全部扭矩需求，计算出节气门的最佳开度，从而控制电动机驱动节气门达到相应的开度。因此，节气门的实际开度并不完全与驾驶员的操作意图一致。控制单元根据整车对扭矩的需求计算所需的理论扭矩，而实际扭矩通过发动机转速、点火提前角和发动机负荷信号求得。在发动机扭矩调节过程中，控制单元首先将实际扭矩与理论扭矩进行对比，如果两者有偏差，发动机电控系统将通过适当的调节作用，使实际扭矩值和理论扭矩值一致。

（2）传感器冗余设计。电控节气门系统采用两个踏板位置传感器和两个节气门位置传感器，传感器两两反接，实现阻值的反向变化，即两个传感器阻值变化量之和为零。对两个传感器施加相同的电压，两者输出的电压信号也相应反向变化，且其和始终等于供电电压。该设计可使两个传感器相互检测，当一个传感器发生故障时，能及时被识别，在很大程度上增加了系统的可靠性，保证行车的安全性。

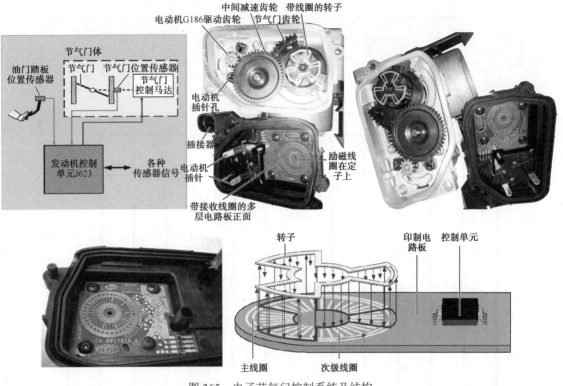

图 365　电子节气门控制系统及结构

（3）可选工作模式。驾驶员可根据不同的行车需要，通过模式开关选择不同的工作模式，通常有正常模式、动力模式和雪地模式三种。区别在于节气门对加速踏板的响应速度不同。正常模式下，节气门对加速踏板的响应速度适合于大多数行驶工况；动力模式下，节气门加快对加速踏板的响应速度，发动机能提供额外的动力；雪地、雨天附着较差的工况下，驾驶员可选择雪地模式驾驶车辆，此时节气门对加速踏板的响应降低，发动机输出的功率比正常情况下小，使车轮不易打滑，保持车辆稳定行驶。

（4）海拔高度补偿。在海拔较高的地区，大气压下降，空气稀薄，氧气含量下降，导致发动机输出动力下降。此时电控节气门系统可按照大气压与海拔高度的函数关系，对节气门开度进行补偿，使发动机输出的动力和加速踏板位置的关系保持稳定。

（5）控制功能扩展及其原理。现代电控节气门则独立成一个系统，可实现多种控制功能，既提高行驶可靠性，又使结构简化、成本降低。主要控制功能有牵引力控制（ASR）、巡航控制（CCS）、怠速控制（ISC）、减少换挡冲击控制等。

3）大众直喷奥迪电子节气门

加速踏板位置传感器由两个霍尔传感器 G79 和 G185 组成。作用是将驾驶员意图输送给发动机控制单元。由此产生反映加速踏板下踏量和变化速率的电压信号输入 ECU 反映汽车的工作状况。节气门控制部件有节气门驱动装置 G186、节气门位置传感器 G187 和 G188。节气门驱动装置 G186 是一个伺服电动机，由发动机控制单元控制，端子 3 和端子 5 阻值约为 2.0Ω。G187 和 G188 是两个线性可变电阻式节气门位置传感器，它将节气门的位置信号传送给发动机控制单元，这两个角度传感器是相互独立的电路，如图 366 所示。

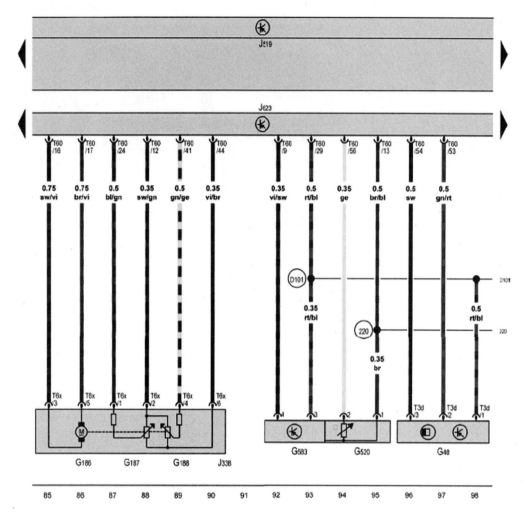

G40—霍尔传感器；G186—电控油门操纵机构的节气门驱动装置；G187—电控油门操纵机构的节气门驱动装置角度传感器1；

G188—电控油门操纵机构的节气门驱动装置角度传感器2；G520—进气温度传感器3；G583—进气管压力传感器3；

J338—节气门控制单元；J519—车载电网控制器；J623—发动机控制单元，排水槽内中部；T3d—3芯插头连接；T6x—6芯插头连接；

T60—60芯插头连接；220—接地连接（传感器接地），在发动机导线束中；D101—连接1，在发动机舱导线束中

图366　电子节气门控制电路图

4）节气门位置传感器 G187、G188 的检查

利用诊断仪 VAS6150 读取油门踏板数据流，62 组 1 区、2 区、3 区和 4 区如表 4 所示。

表4　数据流

发动机数据流 （62 组）	节气门角度 1-G187 （1 区）	节气门角度 2-G188 （2 区）	加速踏板 1-G79 （3 区）	加速踏板 2-G185 （4 区）
标准值	3%～93%	97%～3%	12%～97%	6%～50%

5）节气门控制部件供电和导线的检查

　　拔下节气门控制部件插头，如图 367 所示，打开点火开关，用万用表测量插头 T6X/2+T6X/6、T6X/2+T6X/1、T6X/2+T6X/4 电压值，应约为 5V。电动机 T6X/3（正极）+T6X/5（负极）电压值应约为 5V。若达不到上述要求，按照电路图检查节气门控制部件插头 6 个端子至发动机控制单元相应端子之间的导线是否断路，然后检查导线相互之间是否导通（导线最大阻值为 1.5Ω）。注：电动机 T6X/3（正极）+T6X/5（负极）阻值为 10～13Ω。

图 367　插接器

　　怠速下测量端子 T6X/2+T6X/4 电压值为 0.659V，端子 T6X/4+T6X/6 电压值为 4.29V，端子 T6X/1+T6X/6 电压值为 0.673～0.783V。

6）发动机控制单元同节气门控制部件

　　当电源供应中断、更换了节气门控制部件或更换了发动机控制单元时，发动机控制单元必须与节气门控制部件进行匹配（即自适应或自学习）。通过匹配，发动机控制单元学习了节气门在不同位置时的特性参数，并将这些参数存入发动机控制单元。节气门位置由两个节气门位置传感器来反馈。匹配的条件为故障存储器中没有故障存储，蓄电池电压至少应为 12.7V，冷却液温度为 10～95℃，进气温度为 10～90℃，发动机不转，点火开关打开，不踩加速踏板。进行匹配时，将 VAS5052 连接到诊断座上，打开点火开关 6s 以上，进入发动机电控系统，选择功能"基本设置"。不要操纵启动和加速踏板，且发动机控制单元识别出"学习需要"时，匹配过程会自动完成（匹配过程是否完成是看不出来的）。当存储节气门位置传感器电压值与实际测得值在某一公差范围内不一致时，才能识别出"学习需要"。

第6章

润滑系统

088 机油泵

1）转子机油泵

转子机油泵由一个内啮合外转子和一个外啮合内转子组成，如图368所示。内转子为被驱动部件，外转子在内转子齿轮上滚动，并以这种方式在机油泵壳体内旋转。

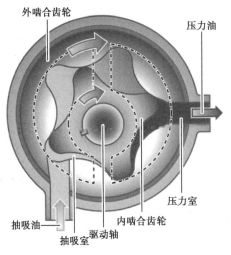

图 368 转子机油泵

内转子比外转子少一个齿，因此每转动一圈就可将油液从一个外转子齿隙输送到下一个齿隙。转动时吸油侧空间增大，而压力侧空间相应减小。这种结构可在流量较大的情况下产生较高压力。其类型如图369所示。

2）圆柱齿轮机油泵

这种机油泵的两个外啮合齿轮相互啮合在一起，其中一个是驱动齿轮，如图370所示。未啮合齿轮的齿顶沿机油泵壳体滑动，将机油从抽吸室输送至压力室。

问题是一些残余机油会留在齿根内。这部分挤压机油可承受很高压力，因此机油泵壳体/盖板内带有减压槽，用于将挤压机油导入压力室内。

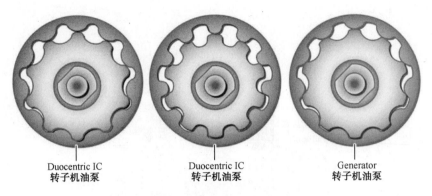

Duocentric IC	Duocentric IC	Generator
转子机油泵	转子机油泵	转子机油泵

图 369　转子机油泵的类型

外啮合齿轮泵设计为油底壳泵，其效率为 0.8～0.9。

3）调节体积流量的圆柱齿轮机油泵

这种机油泵由圆柱齿轮机油泵发展而来。该机油泵的非驱动齿轮（机油泵轮）可沿轴向移动，以此调节机油输送量，如图 371 所示。

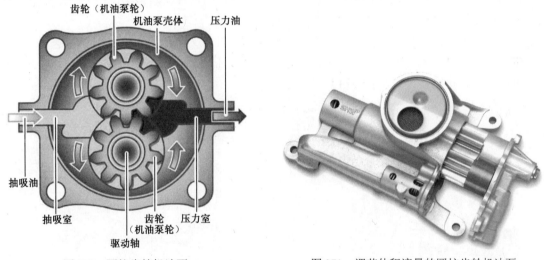

图 370　圆柱齿轮机油泵　　　　　　　　图 371　调节体积流量的圆柱齿轮机油泵

机油泵的工作原理决定其每次仅输送所需机油量。与传统机油泵相比，这种按需调控的供油方式可使驱动功率平均降低最多 160W。例如，转速大约为 6000r/min 时，最多可节省驱动功率 1.25kW，平均耗油量可降低大约 1%。

（1）机油泵达到最大输送功率，机油压力低于调节压力。机油泵由驱动链轮驱动，如图 372 所示。通过两个机油泵轮从油底壳和进油滤网吸入机油，随后将其压入连接机油滤清器的未过滤机油通道内。

两个机油泵轮以最大重叠率重叠，以此达到最大机油输送功率。

（2）机油泵达到最小输送功率，机油压力低于调节压力。向发动机输送了过多机油时，机油压力会缓慢升高，如图 373 所示。机油通过连接机油滤清器的未过滤机油通道，经已过滤机油通道进入用于控制机油量的机油通道。由于此时机油压力升高，因此体积流量控制活塞可克服压缩弹簧作用力移动，从而使未过滤机油通道与控制活塞之间的机油通道开启。

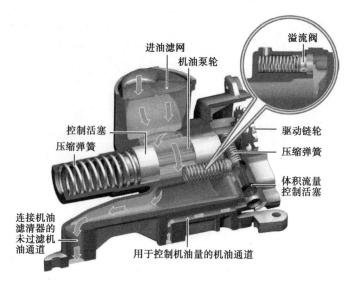

图 372　调节体积流量的机油泵达到最大输送功率

　　控制活塞克服压缩弹簧作用力移动，减少了机油泵轮的重叠，从而减小了可输送的机油量。机油量与机油压力之间达到平衡状态。

　　（3）机油泵达到最小输送功率，通过调节阀控制机油压力。如果在达到最小输送功率的情况下机油压力继续提高，就会在未过滤机油通道内机油压力的作用下使溢流阀打开，以此限制发动机内的最大机油压力，如图 374 所示。

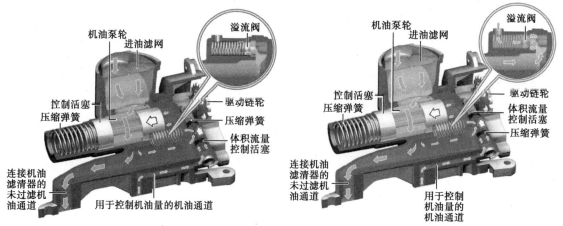

图 373　调节体积流量的机油泵达到最小输送功率　图 374　调节体积流量的机油泵通过机油压力进行控制

　　（4）溢流阀。溢流阀安装在压力侧，如图 375 所示。溢流阀可防止机油压力过高，如用冷态机油启动发动机时，可保护机油泵和机油泵传动装置、主流量机油滤清器和机油冷却器。因此，在任何运行条件下都能使润滑油回路内的机油压力保持不变。

　　溢流阀紧靠在机油泵后方，通常都直接安装在机油泵壳体内。开启压力取决于所用发动机类型，为 10～15bar。

　　（5）体积流量调节阀。通过体积流量调节阀根据需要调节输送量。与溢流阀一样，体积流量调节阀也安装在机油泵壳体内，如图 376 所示。

图 375　带有溢流阀的机油泵

图 376　带有体积流量调节阀的机油泵

089　新型机油滤清器

单向阀可确保在发动机静止期间机油滤清器和机油通道不会排空机油，因为单向阀只允许发动机机油向一个方向流动，而防止机油向另一个方向流动，如图 377 所示。

机油从机油泵处根据需要和设计类型输送至机油冷却器，随后进入滤清器内。机油滤清器内装有执行不同任务的阀门。这些任务包括更换机油时排空机油、堵塞时形成滤清器旁通以及防止机油通道排空机油，如图 378 所示。

为了确保在主流量机油滤清器受到污染的情况下仍可为润滑部位供油，在与滤清器平行的位置安装了一个滤清器旁通阀（短路阀）。如果因滤清器堵塞而使机油滤清器前后的机油压力差增大，滤清器旁通阀就会打开，从而确保润滑油（虽然未过滤）仍可达到润滑部位。

图 377　单向阀

从机油滤清器流向发动机的已过滤机油

从输出阀到油底壳

单向阀（未过滤机油流向机油冷却液热交换器）

流向废气涡轮增压器的冷却液

从冷却液泵流向机油冷却液热交换器的冷却液

从机油冷却液热交换器流向发动机的冷却液

从废气涡轮增压器流向油底壳的机油

图 378　滤清器旁通阀

车外温度较低时，冷态机油可能会变得黏稠而导致机油滤清器堵塞。在这种情况下，滤清器旁通阀也会打开。

图 379 左图所示滤清器旁通阀为关闭状态，右图所示滤清器旁通阀为打开状态。

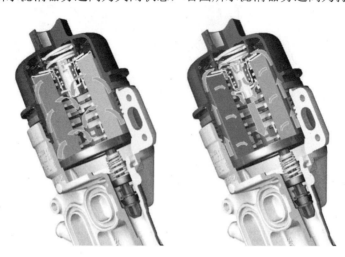

图 379　带有滤清器旁通阀的机油滤清器壳体

输出阀：更换滤清器时，机油通过输出阀返回油底壳。机油滤清器容器关闭时通过滤清器滤芯操纵输出阀，从而阻止机油流入油底壳（如图 380 左图所示）。

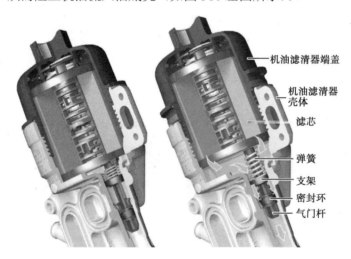

图 380　阻止机油流入油底壳

如果为了更换机油打开机油滤清器端盖，则插在机油滤清器端盖上的滤清器滤芯也会向上移动。气门杆在支撑于支架上的弹簧作用下随之一起移动，因此在密封环处形成开口。

机油冷却液热交换器：在功率较大且热负荷较高的发动机上存在运行过程中润滑油过热的危险，因此发动机采用了一个机油冷却液热交换器。机油冷却液热交换器负责在暖机阶段使机油迅速升温，并在随后确保对机油进行足够的冷却。

图 381 展示了经过机油滤清器和机油冷却液热交换器的机油和冷却回路路径。

机油压力开关的作用是监控润滑系统。机油压力未超过由弹簧确定的限值时，机油压力指示灯就会亮起。此限值为 0.2～0.5bar。

　　机油压力开关通过一根信号导线与 DME 相连。未操作开关时向该导线施加 12V 电压，操作开关时施加 0V 电压。以数字方式传输数据。

　　N20 发动机所用的主流量机油滤清器与 N57 发动机的机油滤清器具有相同特点。现在取代回流关断阀在滤清器元件上直接安装了一个回流关断隔膜，如图 382 所示。它用于在发动机关闭后防止机油滤清器排空机油。

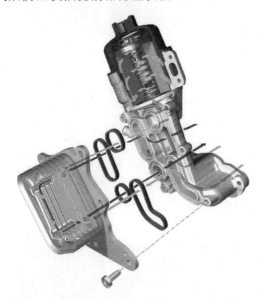

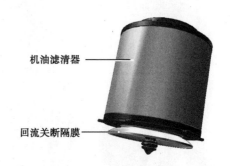

图 381　带有机油冷却液热交换器的机油滤清器壳体　　　　图 382　新型机油滤清器

　　回流关断隔膜采用橡胶制成，可在机油压力作用下抬起从而使机油流入滤清器内。发动机关闭且机油压力降低时，回流关断隔膜就会通过自身形状及弹性封住机油通道，发动机机油无法从滤清器内流出。回流关断隔膜是机油滤清器的一部分，因此每次更换滤清器时就会自动随之更换。

090　机油压力开关

　　发动机机油压力开关通常安装在发动机缸体的主油道上，用于检测发动机有无机油压力，它由弹簧、压板、隔板及触点等组成，外观及结构如图 383 所示。内部结构部件及机油压力开关安装位置如图 384（a）、（b）所示。注：此压力开关为常开型，只有在机油压力作用下才转为常闭型。

　　机油压力开关的工作原理如图 385 所示，油压指示灯安装在组合仪表内，压力开关安装在发动机润滑油路上。在压力开关内，装有受油压作用动作的隔板与受油压作用动作的压板。当油压低于规定值时，压板不具有推动弹簧的作用力，触点闭合，指示灯亮；当油压高于规定值时，压板推起弹簧，触点分开，指示灯熄灭，告知驾驶员油压已达到规定值。通常情况下，触点动作压力在 30～50kPa 范围内。

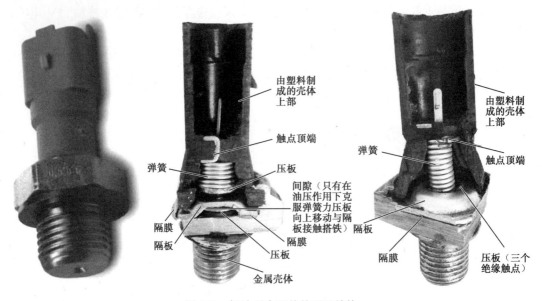

由塑料制成的壳体上部

触点顶端

弹簧

压板

间隙（只有在油压作用下克服弹簧力压板向上移动与隔板接触搭铁）

隔膜

隔板

隔膜

压板

金属壳体

由塑料制成的壳体上部

触点顶端

弹簧

隔板

隔膜

压板（三个绝缘触点）

图 383　机油压力开关外观及结构

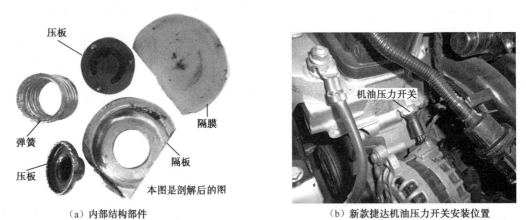

压板

隔膜

弹簧

隔板

压板

本图是剖解后的图

机油压力开关

（a）内部结构部件　　　　　　　　　（b）新款捷达机油压力开关安装位置

图 384　内部结构部件及机油压力开关安装位置

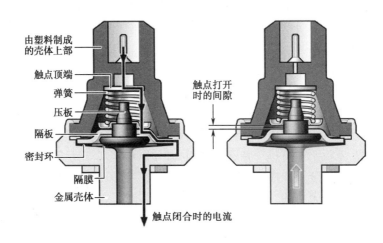

由塑料制成的壳体上部

触点顶端

弹簧

压板

隔板

密封环

隔膜

金属壳体

触点打开时的间隙

触点闭合时的电流

图 385　工作原理

091 发动机机油压力传感器的检测方法

（1）将点火开关置于 OFF 位置，断开发动机机油压力开关的线束连接器，将点火开关置于 ON 位置，用万用表测量线束连接器电压为 12V，正常，说明 ECM 和线束都没有问题；测量机油压力开关与缸体间的电阻，正常值应该接近 0Ω，说明机油压力开关内部失效了。

（2）检查的条件。检查机油压力开关及机油压力时应满足的条件：机油油位正常；点火开关打开后，机油压力警报灯必须亮；自动检查系统的显示屏必须显示"OK"；机油温度约为 80℃。

（3）机油压力传感器的检查。断开机油压力开关连接导线，拧下机油压力开关，并装上机油压力检测仪 VAG1342（如图 386 所示），将机油压力传感器装到机油压力检测仪 VAG1342 上，检测仪导线 1 接地。将二极管测试灯 VAG1527 连接到机油传感器及蓄电池正极，测试灯应不亮；若测试灯亮，则需更换机油压力传感器。启动发动机，压力达 120～160kPa 时测试灯应亮，若测试灯不亮，则需更换机油压力传感器。

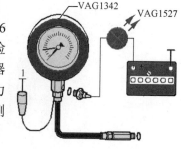

图 386 机油压力检测仪

（4）机油压力传感器的检查。断开机油压力开关连接导线，拧下机油压力开关，并装上机油压力测试仪 VAG1342。将机油压力开关装到 VAG1342 上，启动发动机，机油温度约为 80℃，机油压力参考值：怠速时机油压力为 100～250kPa，2000r/min 时机油压力应≥200kPa；3000r/min 时机油压力为 300～500kPa；转速更高时机油压力不允许超过 700kPa。若未达到上述规定值，应更换带限压阀的滤清器支座或机油泵。

092 机油滤清器更换

发动机润滑油具有润滑、清洁、密封、防锈和冷却功能。由于发动机机油去除了发动机中的污垢和油污，在使用一个阶段后，它会变脏，然后变黑、变质。即使没有使用，由于存放时间过长也会变质。如果不更换发动机机油，则会损坏发动机；如果没有添加发动机机油添加剂，则会导致机油品质下降，机油中含有的金属磨损颗粒会加剧发动机的磨损。

1）更换间隔

乘用车一般每行驶 5000～7500km 时更换机油和机油滤清器，更换前检查机油品质和液位是否符合要求，以检查发动机润滑系统是否正常。

2）维护项目

检查发动机机油面高度和润滑油油品：发动机运转几分钟，熄火，间隔几分钟之后，拔出油尺，检查油位。油位应在最大和最小刻度之间。如油量不足，应补充相同牌号机油至规定的刻度。用机油尺取数滴机油滴于中性滤纸上，检查其扩散的油迹。若中心黑色杂质较深，颗粒较大，说明机油含杂质较多，已变质；用手捏搓取样机油，若机油失去黏性感，说明机油内混有燃油。

3）机油排放的操作步骤

（1）运转发动机，使其达到工作温度，然后打开机油盖。

（2）举升车辆（注：举升车辆离地面20cm左右时用手推动看是否支承好）。

（3）检查发动机各接触面、油封、排放塞等处是否漏油。

（4）将机油回收车拉至发动机油壳下方，旋松放油螺栓，放出机油，如图387所示。对有垫片的放油螺栓，应检查垫片，视情况更换。注：放油螺塞的拧紧力矩为30N·m。

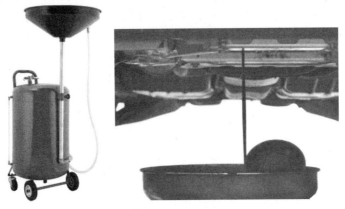

图387　放出机油

4）机油滤清器更换

（1）用机滤扳手拆下机油滤清器。

（2）检查和清洁机油滤清器安装座表面。

（3）在新的机油滤清器密封圈上涂上清洁的发动机机油。若不涂机油，安装时密封圈与接合面发生干摩擦，密封圈易翘曲和损坏，造成密封不良而漏油。安装新的滤清器时，应在机油滤清器密封垫上涂上干净的机油，同时倒入少量机油，有些机油滤清器自带机油的不需添加，如图388、图389所示。

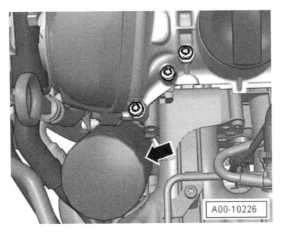

图388　大众机油滤清器位置

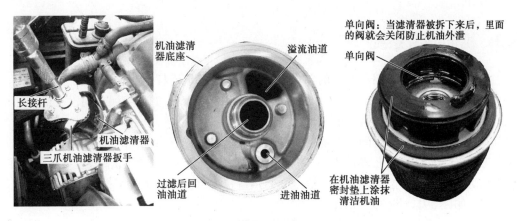

图 389　在机油滤清器垫上涂抹机油

注：当滤清器的安装位置开口朝下或处于水平位置时，若发动机停止工作，机油会流回油底壳而导致机油滤清器内没有机油。但当下一次启动发动机时，为了确保发动机得到安全保护，机油必须在整个润滑系统中重新充满才会产生压力，这样就延长了润滑油到达发动机机体润滑的时间，也就使发动机机体的磨损增加。止回阀在其中的作用就是，可以防止滤清器里面的机油流干，保证在任何时候滤清器内部都充满机油，当发动机再次启动时机油几乎可以瞬间到达发动机机体进行润滑。

（4）用手轻轻拧紧机油滤清器，直到感觉有阻力为止。再用专用工具重新拧紧机油滤清器 1/2～3/4 圈。注意不要拧得过紧，否则会损坏螺纹或机油滤清器，力矩为 25～30N·m。

（5）加入机油，启动发动机，检查机油滤清器和放油螺栓处是否有渗漏现象。

注：发动机机油油位检查请注意以下几点：①关闭发动机后最少等待 3min，以便机油流回油底壳；②拉出机油尺，用干净的抹布擦净后将机油尺重新推入至限位位置；③再次拔出机油尺并读出机油油位，如图 390 所示。

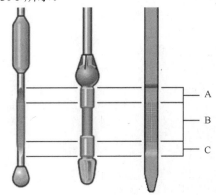

A—不得添加机油；B—机油可加注至区域 A；C—必须添加机油

图 390　机油尺油位显示

机油油位应必须位于测量区域 B 的上半部分。当油位高于标记 A 时，排放或吸出多余的机油，以避免损伤尾气催化净化器。如果机油油位低于标记 C，应加注足够的机油，但至少应为 0.5～1.0L。

093 机油润滑系统

在发动机内部有很多相互摩擦的部件，如活塞与缸壁、连杆小头与曲轴轴颈之间，只要发动机工作，它们之间就不停地摩擦，摩擦随转速升高而更剧烈。如果金属之间没有机油的帮助，它们就会被磨损，最后发动机不能工作。

为了减轻各金属部件之间的摩擦，发动机加入了机油。它有润滑、减振、防锈、冷却、密封、清洗等作用。因发动机铸有油道，机油由油泵（相当于心脏）经滤清器压入油道，在油道内循环流动到达各部件位置，并将摩擦产生的热量带走。机油每小时可循环 100 多次左右，机油循环路径如图 391、图 392 所示。

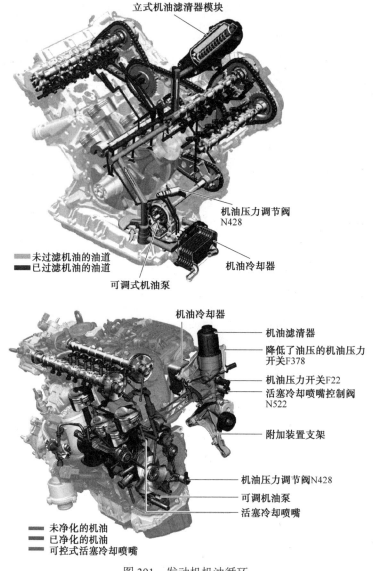

图 391　发动机机油循环

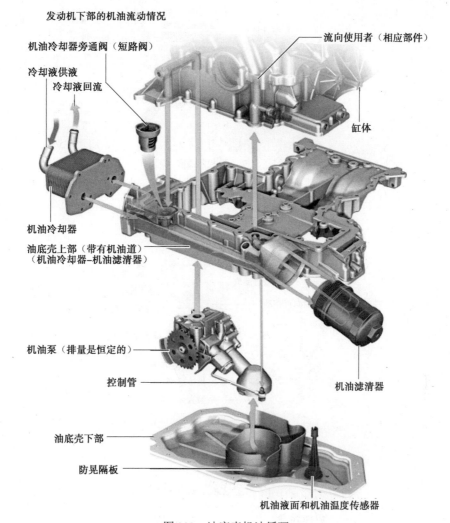

发动机下部的机油流动情况

机油冷却器旁通阀（短路阀）

冷却液供液

冷却液回流

流向使用者（相应部件）

缸体

机油冷却器

油底壳上部（带有机油道）
（机油冷却器–机油滤清器）

机油泵（排量是恒定的）

控制管

机油滤清器

油底壳下部

防晃隔板

机油液面和机油温度传感器

图 392　油底壳机油循环

094 电控自调式机油泵

国内大众 CC 2.0TSI 发动机第一次采用电控自调式机油泵，如图 393 所示。开发这款自调式机油泵的首要目的是提高运行效率，进一步改善燃油经济性。相比其他的自调式机油泵，该泵设计的特点是控制更加精确，运行更有效率。对于传统的机油泵，发动机转速增加，机油压力增加，靠机油泵内部的限压阀限制压力，但是此时，机油泵仍然运行在最大输出量下，需要消耗发动机的动力，而且输入的能量都转化为热能，加速了机油老化。自调式机油泵的结构如图 394 所示，机油泵泵油如图 395 所示，自调式机油泵油路如图 396 所示。

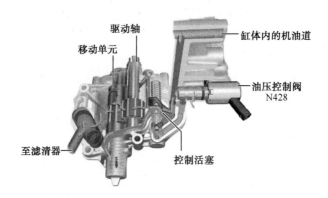

图 393　电控自调式机油泵

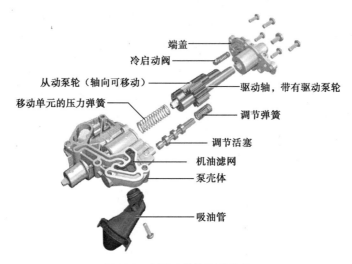

图 394　自调式机油泵的结构

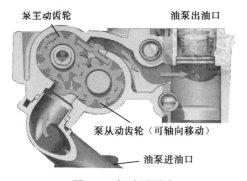

图 395　机油泵泵油

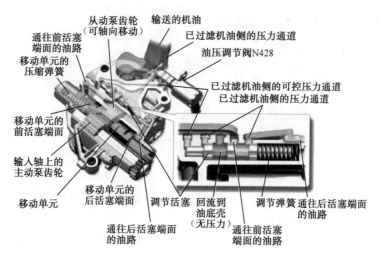

图396　自调式机油泵油路

　　新调节方式的理念：采用两个不同的压力，低压（相对）约为1.8bar（1bar=10⁵Pa）。当发动机转速达到约3500r/min时就切换到高压（相对），这时压力约为3.3bar。压力调节是通过调节泵齿轮的供油量来实现的。这样就可以按机油冷却器和机油滤清器下游所需要的机油压力来精确地供给机油了。机油循环是通过移动单元的轴向移动（就是两个泵齿轮的相对移动）来实现的：如果两个泵齿轮正对着，那么这时的供油能力是最大的；如果泵的从动齿轮在轴向产生最大移动，那么这时的供油能力是最小的（输送的只是齿间挤出的机油）。也就是说，齿轮的位移越大，供油能力越低。这个位移过程是通过将过滤完的机油的压力引到移动单元的前部活塞面上而实现的。移动单元的前部活塞面上还作用有压力弹簧力，移动单元的后部活塞面上一直加载着过滤完的机油的压力，如图397所示。电控自调式机油泵工作过程可以分为以下几种情况。

供油量最大的情况　　　　　　　　　供油量最小的情况

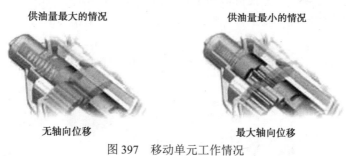

无轴向位移　　　　　　　　　　　　最大轴向位移

图397　移动单元工作情况

1）发动机启动时

　　如图398所示是发动机启动时机油泵的工作状况（该泵开始供油）。发动机机油通过已过滤机油侧的压力通道作用到调节活塞的所有面上以及移动单元的两侧。发动机控制单元激活油压调节阀N428，使可控压力通道处于打开状态，于是机油压力就作用到调节活塞的所有面上。移动单元就保持在这个位置上。该泵以最大供油能力来供油，直至建立起低压（约1.8bar）。如果发动机怠速运行的话，压力可能低于这个值。压力值过低会损坏发动机，因此必须对机油压力值进行监控。监控工作由机油低压压力开关F378来完成。

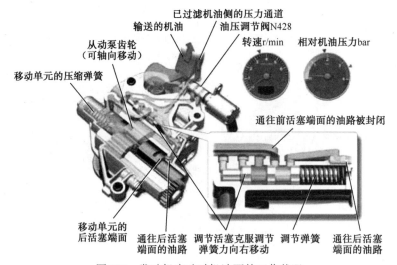

图 398　发动机启动时机油泵的工作状况

2）达到低压时

如果发动机转速升高了，那么机油压力也稍微提高了，这就使得调节活塞克服调节弹簧力发生了移动。于是通向前部活塞面的机油通道就被封闭了，与此同时，通向无压力的回流管（进入油底壳）开口就打开了。这时，后部活塞面上的液压力就大于弹簧力了。于是，移动单元就克服压力弹簧力发生了移动，泵的从动齿轮相对于主动齿轮也就发生了轴向移动。此时，泵的容积流量（供油能力）就减小了，也就是根据发动机的机油耗油情况进行了适配。这个容积流量（供油能力）的适配就使得机油压力保持在一个相对恒定的水平。机油压力值等于供油量与发动机转速的乘积，由于移动单元的压缩弹簧弹性系数一定，因而机油压力值可以保持在相对恒定值，那么供油量和发动机转速的关系就是反比的关系，当转速较低时，供油量较大，当转速提高导致机油压力提高时，会使得移动单元向箭头方向移动，供油量减小，如图 399 所示。这样就限制了机油压力的进一步上升，机油压力即维持在一个相对恒定的水平上，这是一个动态的平衡过程。

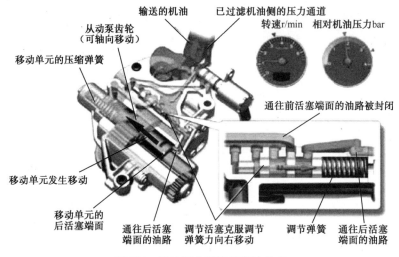

图 399　机油压力稍微提高的状态

3）切换到高压前的状态

如图 400 所示，随着发动机转速不断上升，机油压力随之升高，图中深绿色表示压力升高。在马上就要切换到高压前的状态（压力值为 1.8bar 左右）时，移动单元完全伸出，机油压力就被限制在 1.8bar 左右。

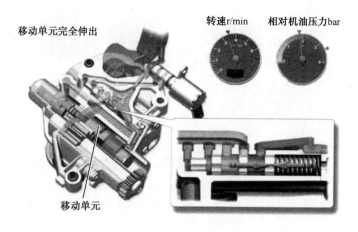

图 400　切换到高压前的状态

4）切换到高压的状态

如图 401 所示，在转速超过 3500r/min 时就切换到高压状态，为此油压调节阀 N428 就被断电。这就使得可控压力通道被关闭，与此同时也关闭了通向油底壳内的无压力腔的开口。由于现在调节活塞的一个作用面不再作用有机油压力了，调节弹簧的力就占上风。调节活塞继续向左移动，以至于通向移动单元前部活塞面的机油通道被打开。这时作用在前部活塞面的机油压力和压力弹簧就再次将移动单元向回推，直到该泵的两个齿轮又几乎完全正面相对，这时泵以最大供油能力供油。移动单元保持在这个位置上，直至机油压力达到 3.3bar。

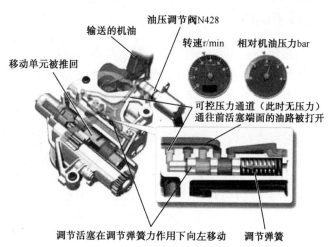

图 401　切换到高压的状态

5）达到高压的状态

如图 402 所示，油压调节阀 N428 仍然处于断电状态，调节活塞与调节弹簧之间力的关系由机油高压来保持着（有效的活塞面积减小）。如果发动机转速继续升高，移动单元就又开始移动（就像低压状态时那样）。机油切换到高压由机油压力开关 F22（在机油滤清器模块上）记录下来。可控机油通道在高压时仍由油压调节阀 N428 保持关闭状态，直至机油压力达到约3.3bar。机油压力和调节弹簧力平衡后，高压保持在相对恒定的水平。

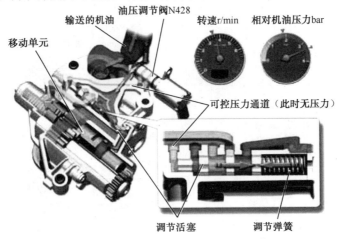

图 402　达到高压的状态

通过几种发动机机油压力供给和需求的比较，可见自调式机油泵更能满足要求。当不需要较高的机油压力时，将机油压力控制在较低的范围内，这样做的目的有两个：

（1）改善排放。一方面，机油压力高，发动机相应负荷大，燃油消耗也会大；另一方面，以前的设计，对于较高的机油压力，相应也会有较多的机油参与燃烧，也就是机油消耗大，排放也会变差。

（2）降低了机油消耗量。在不需要高的机油压力的时候通过电磁阀控制降低油压，进而也会降低机油消耗量。

095　奥迪 A4 电子机油尺

电子式测量通常是使用机油油面高度电子指示器来检查机油，电子测量又分两种方法来计算机油油面高度。第一种是在车辆行驶过程中采用动态测量，这种测量方式的主要测量参数有发动机转速、纵向和横向加速度、发动机舱盖接触（舱盖必须关闭）、发动机温度（发动机应处于正常工况）、在上次发动机舱盖接触后行驶循环应大于 50km 获得测量值。第二种是静态测量，它的测量条件是接通点火开关，发动机机油温度大于 60℃，无发动机转速信号，发动机停止工作大于 120s 使机油能流回到油底壳内。测量方法是在多媒体界面中检查机油油位，在收音机或 MMI 操作按钮 E380 上按压 CAR 按键，旋转收音机或 E380 上面的大旋钮选择机油油位选项，按压大旋钮即可进入油位检查界面，在满足机油检查条件后会出现如图 403 所示的界面，max 为机油上限，min 为机油下限。如果机油显示条接近 min（最低），那么就需要添加发动机机油。

机油液位采用静态测量方式，机油液位传感器需要机盖开关信号来触发，触发信号时，MMI 显示上次打开机盖后动态测量和静态测量相结合的结果。

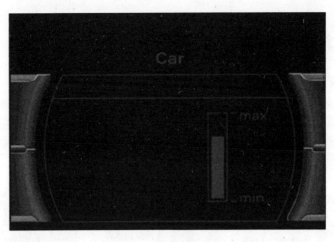

图 403　机油显示界面

组合仪表上可能出现下面这些显示。

（1）机油油面高度正常（绿色）有文字提示Ölstand ok（机油油面高度正常），如图 404（c）所示。

（2）机油油面高度已达最低点（黄色）有文字提示Bitte max. 1löl nachfüllen, Weiterfahrt möglich.（请最多补加 1L 机油，可以继续行驶），如图 404（a）所示。

（3）机油油面过低（红色）有文字提示Bitte dringend Öl nachfüllen.（请立即补加机油），如图 404（b）所示。

（4）机油油面过高（黄色）有文字提示Bitte Ölstand reduzieren（请降低油面高度）。

（5）机油油面传感器损坏，有文字提示Sensor defekt（传感器损坏）。

（a）最小的机油量　　　　　　　（b）较低的油量　　　　　　　（c）正常油位

图 404　组合仪表上的显示

　　常见故障：黄色机油灯报警，补加机油后 MMI 中油位不变，调整前机盖开关，按静态测量方式条件操作 MMI，机油液位显示正常。

　　故障解决：调整润滑前机盖锁。

096 电容式液位传感器

1）电容式液位传感器原理

电容式液位传感器常用于燃油、机油和冷却液液位的测量。电容式液位传感器的构造如图 405 所示。将电容式液位传感器放入燃油或冷却液中，随着燃油或冷却液液面高度发生变化，由于电容电极间的电介质不同引起了电容的变化，电容的变化引起了振荡周期的变化，通过计算振荡频率，就能获知液面状态。

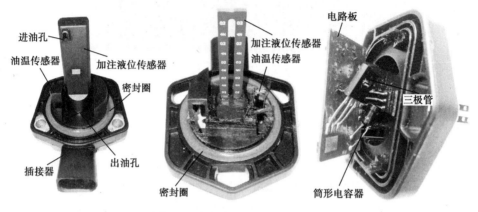

图 405　电容式液位传感器的构造

机油状态传感器是大众/奥迪车系所配备的反映机油状况的一个重要传感器，主要作用是随时监控机油液位、机油温度。下面以大众 CC 发动机为例，说明其构造和检测方法。

如图 406 所示，机油液位和机油温度传感器 G226 安装于发动机机油底壳上，该传感器由两个重叠安装的筒形电容器组成。两根金属管作为电容器电极嵌套安装在电极之间，发动机机油作为电介质。机油状态通过下面的传感器测得，作为电介质的机油因磨损碎屑不断增加以及添加剂的分解而使介电常数发生变化，相应的电容值将在传感器内的电子装置中被处理成数字信号，并作为发动机机油状态信息被传送给仪表电脑。机油液位传感器在传感器的上部，它测量机油液位这一部分的电容值，该电容值会随着机油液位的变化而发生变化，并将由传感器电子装置处理成数字信号再传送到仪表电脑。在机油状态传感器的底座上装有一个铂温度传感器，该传感器检测机油温度，并将检测到的温度信号传送到仪表电脑，再输出到机油温度表显示。只要在输出信号端连续测量，即可测得机油液位、温度和发动机机油状态信号的变化。机油状态传感器 G266 是一个三线式数字信号传感器，电路连接如图 407 所示。

2）机油液位和机油温度传感器 G226 检测

（1）供给电源检测。用数字式万用表对传感器 1 号端子进行工作电压检查。用数字式万用表直流电压挡检测机油状态传感器 T3bu/1 与 T3bu/2 的电压，点火开关打开时，其电源端电压应是蓄电池电压。

（2）搭铁线检测。检测 T3bu/2 号线与搭铁间的电阻，正常值应为 0Ω，否则说明搭铁不正常。

（3）信号线参考电压检测。检测 T3bu/3 号线信号电压应在 9.8～10.5V 范围内。在怠速时测量电压值应基本不变化。

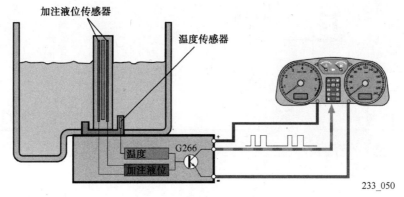

图 406　构造与原理示意图

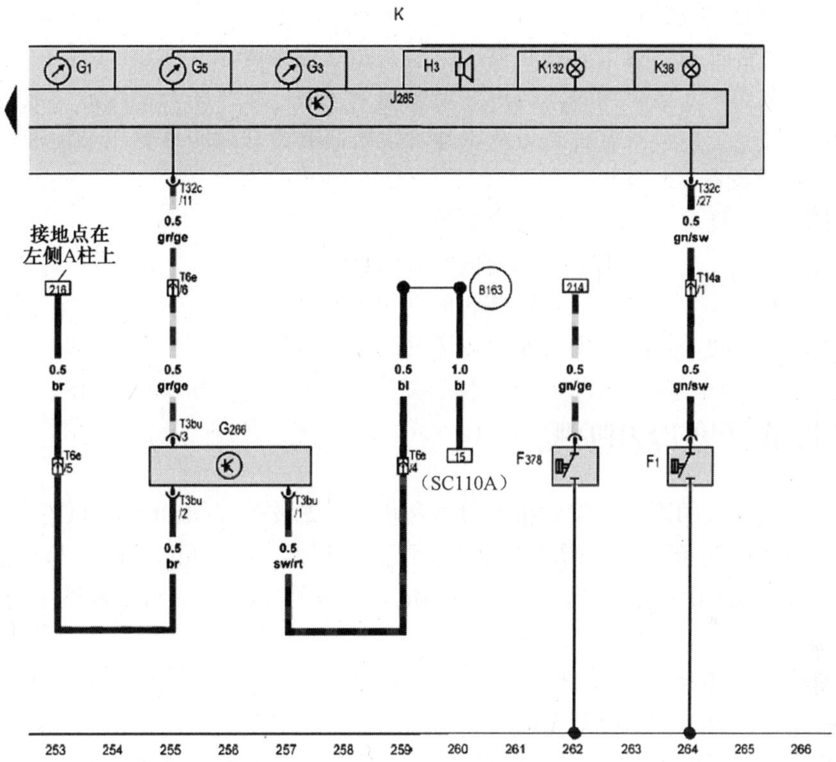

F1—油压开关；F378—机油压力降低开关；G1—燃油储备显示；G3—冷却液温度表；G5—转速表；

G266—机油液位和机油温度传感器；H3—警报蜂鸣器和警报音；J285—仪表板中的控制单元；K—仪表板；

K38—液位指示灯；K132—电子油门故障信号灯；T3bu—3 芯插头连接；T6e—6 芯插头连接；

T14a—14 芯插头连接，发动机舱内左侧；T32c—32 芯插头连接；B163—正极连接 1（15），在车内导线束中

ws—白色；sw—黑色；ro—红色；br—褐色；gn—绿色；bl—蓝色；gr—灰色；li—淡紫色；ge—黄色；or—橘黄色；rs—粉红色

图 407　电路连接

（4）解码器检测。使用 VAS6150B 可以查询故障代码，如果机油液位传感器本身或线路出现问题，会出现故障代码 00562。

（5）波形检测。运用示波器对机油状态传感器输出端的信号进行波形分析，可以进一步确定该传感器信号特征。该信号是一个脉冲矩形方波信号。机油状态传感器波形如图 408 所示。

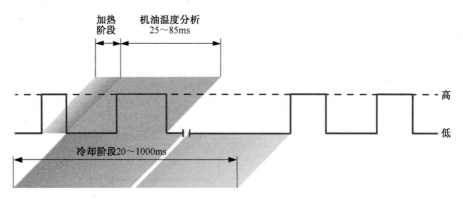

图 408　机油状态传感器波形

3）信号形状和分析利用

当前的油温会暂时加热测量元件（输出=高），接着逐渐降温（输出=低）。

该过程持续重复。这里高频时间与机油温度相关，而低频时间与加注液位成正比。

机油液位通过一个传感器方程式可从冷却阶段所需的冷却时间计算出加注液位高度（单位是 mm）。准确度大约在±2mm。

油底壳中的机油越多，传感器重新冷却越快。

冷却时间较长=油量不足

冷却时间较短=正常

机油温度冷却期间，传感器仍将继续传递机油温度信号。

⓿⓿⓿ 可控式活塞冷却喷嘴

EA888 三代发动机的附属支架将机油过滤和机油冷却支架（Ölfilter-und Ölkühlerhalter）集成于一体，如图 409 所示。它包括油道和通往机油冷却器（Ölkühler）的冷却液水道。同样，油压开关（Öldruckschalter）、活塞冷却喷嘴的电开关以及宽齿皮带的张紧系统被装在附属支架上。

机油过滤芯（Ölfilterpatrone）被设计为可在上方更换以便操作，一方面可以防止在更换滤芯时有机油流出，另一方面在打开密封芯的时候，可以让机油重新流回油底壳。

活塞顶并不是在任何工况下都需要冷却的。有针对性地关闭活塞冷却喷嘴，可进一步降低燃油消耗。取消弹簧加载的活塞冷却喷嘴的另一个原因是：总体机油压力级是很小的。

可控式活塞冷却喷嘴系统包含了下述元件：

①缸体内额外加的压力机油通道；②无弹簧阀的新式活塞冷却喷嘴，喷嘴有两种不同的内径（1，8l-TFSI-发动机的是较小直径的喷嘴）；③机油压力开关，3 挡 F447（在 0.3～0.6bar 时关闭）；④活塞冷却喷嘴控制阀 N522；⑤机械式切换阀。

活塞冷却喷嘴已关闭：活塞冷却喷嘴控制阀 N522 由发动机控制单元通电，也就是通过 87 号接线柱来获得供电，通过发动机控制单元来实现接地，于是电路也就闭合了。

这时，N522 就打开了机械切换阀的控制通道。压力机油从两面加载到机械切换阀的控制活塞上。弹簧推动机械切换阀，这样就关闭了去往活塞冷却喷嘴机油通道的管路，如图 410 所示。

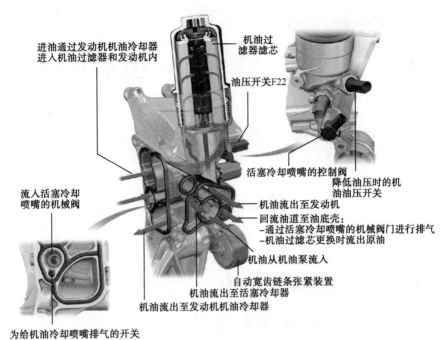

进油通过发动机机油冷却器
进入机油过滤器和发动机内

机油过
滤器滤芯

油压开关F22

活塞冷却喷嘴的控制阀

降低油压时的机
油油压开关

机油流出至发动机

回流油道至油底壳：
－通过活塞冷却喷嘴的机械阀门进行排气
－机油过滤芯更换时流出原油

机油从机油泵流入

自动宽齿链条张紧装置

机油流出至活塞冷却器

机油流出至发动机机油冷却器

流入活塞冷却
喷嘴的机械阀

为给机油冷却喷嘴排气的开关

图 409　机油过滤和机油冷却支架

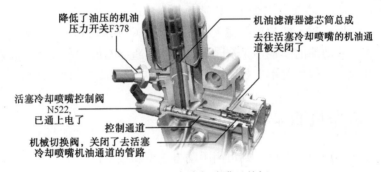

降低了油压的机油
压力开关F378

机油滤清器滤芯筒总成

去往活塞冷却喷嘴的机油通
道被关闭了

活塞冷却喷嘴控制阀
N522,
已通上电了

控制通道

机械切换阀，关闭了去活塞
冷却喷嘴机油通道的管路

图 410　活塞冷却喷嘴已关闭

活塞冷却喷嘴已接通：随后是接通活塞冷却喷嘴，这时 N522 被断了电，于是通向机械切换阀的控制通道就被关闭了。压力机油这时只在单面加载到机械切换阀的控制活塞上，于是活塞发生移动，打开了去往活塞冷却喷嘴机油通道的管路，如图 411 所示。切换阀内的弹簧在机油压力超过 0.9bar 时会关闭去往活塞冷却喷嘴机油通道的开口。为了能在活塞冷却喷嘴控制阀 N522 断电后，使得切换阀立即回到其初始位置，必须将控制活塞中的机油快速排除。为此准备了一个单独通道，该通道可使得机油呈无压力状态泄入到发动机的油底壳中。该单独通道也就是在更换机油滤清器时机油的排放通道。

活塞冷却喷嘴控制阀可以侦测到下述故障：

（1）导线断路。活塞冷却喷嘴一直开着。

（2）对地短路。活塞冷却停止了。

（3）对正极短路。活塞冷却一直在进行着导致活塞冷却不工作的故障，会引起下述应急反应：

①发动机控制单元会限制扭矩和转速；②可调机油泵无较低压力级；③组合仪表上出现提

示：转速被限制到 4000r/min，出现一声嘟嘟响，EPC-灯亮起。

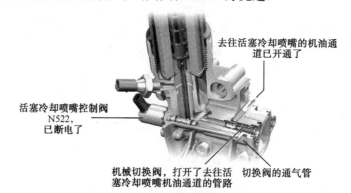

图 411　活塞冷却喷嘴已接通

098　奥迪 A6 轿车机油等级匹配

（1）连接专用诊断仪 VAS6150B，接通点火开关。

（2）选择"17-仪表"。

（3）选择"10-自适应"。

（4）输入通道号 45，将值设置为 1。机油等级匹配可选 1 和 2。机油等级 1 用于不带常效功能的车辆，保养周期最长不能超过的最大行驶里程数为 15000km，最大时间间隔为 365 天；机油等级 2 用于带常效功能的车辆，保养周期最长不能超过的最大行驶里程数为 30000km，最大时间间隔为 730 天。一般情况下，我国奥迪 A6L 车型应选择 1，而不应选择 2。

099　奥迪 Q7 车机油保养灯归零

如果装备了定期保养型仪表板，则可用手动方法重新设定。

（1）压下里程表右下侧三键中中间的保养灯归零按键。

（2）接通点火开关（置于 ON 位）。

（3）"SERVICE"或"SERVICE IN XXXXMI"字符将出现在液晶显示器上。

（4）释放归零按键。

（5）压下右下侧三键中右边的保养灯设置按键，重新设置显示，并且"SERVICE IN 10000MI"字符将出现在液晶显示器上。

（6）断开点火开关（置于 OFF 位）即可。

100　宝马 X3 车机油油量检查

宝马 X3 车刚刚面市不久，有很多的综合维修店对如何检查此车的机油量不了解，因此造成很多麻烦，很多维修技术人员竟然找来找去却没有找到检查机油量的器件。该车的发动机是新款发动机，机油量的多少是靠机油液位传感器来显示的，但在仪表里怎么也找不到查看机油量的方法。因为宝马 E46、E60、E65 车，只要配上新款发动机，机油都是可以检测的，宝马

E46 车可以通过左边转向灯开关上的上下查找菜单按钮查看机油液位。宝马 E60、宝马 E65 车都是通过多功能信息显示中查看机油的菜单查看机油量的。而 X3 车既没有 E46 车的功能开关，又不像 E60、E65 那样通过多功能信息显示，在仪表中能找到的只有 S/R 与时间按钮。对这两个按钮进行试操作，发现 S/R 是复位键，时间按钮不但可以调整时间，而且可以查看机油液位。检查机油量的方法如下。

（1）启动发动机。

（2）轻按一下仪表上的时间按钮，即会自动检查机油液位。当机油量少时，它会提示+1.0L，当机油量合适时，显示机油 OK。

101 新天籁轿车保养灯归零

□开关和●开关在设置模式中的使用（位于仪表板右边）：□开关—ENTER 确认菜单，●开关—NEXT 选择菜单。

1）机油保养灯归零

（1）接通点火开关或启动发动机。

（2）按□开关直至显示警告检查模式。

（3）按●开关直至显示选择其他项。

（4）按●开关直至 MAINTENANCE（保养）。

（5）按□开关进入 MAINTENANCE（保养）。

（6）按●开关直至出现 ENGINE OIL（发动机机油）。

（7）按□开关进入 ENGINE OIL（发动机机油），选择此菜单可以设置或更换机油行驶里程。

（8）按●开关直至出现****（****/5000），为行驶里程数（如果不想 5000km 亮保养灯，可以另行设定）。

（9）按□开关，等待****变成 0 时发动机机油保养灯归零完成。

（10）如果想更改下次机油保养的里程数，按●开关直至出现 5000（****5000），按●开关增或减，按一下加 500 或减 500（0～30000）。

2）机油滤清器保养灯归零

（1）重复 1）中步骤（1）～（4）或按□开关返回到 MAINTENANCE（保养）。

（2）按●开关直至出现 OIL FILTER（机油滤清器）。

（3）按□开关进入 OIL FILTER（机油滤清器），选择此菜单可以设置或更换机油滤清器行驶里程。

（4）按●开关直至出现****（****/5000），为行驶的里程数。

（5）按□开关直至****变成 0 时，机油滤清器保养灯归零完成。

（6）如果想更改下次保养里程数，按●开关直至出现 5000（****/5000），按●开关增或减，按一下加 500 或减 500（0～30000）。

102 奥迪 A6L、A4L、Q5、Q7 车保养灯归零

用 VCDS 或 VAS5054 进入 17-仪表系统匹配功能：通道 02—输入 0，保存；通道 55—输

入 0，保存；通道 54—输入 90，保存；通道 53—输入 0，保存；通道 52—4 缸发动机输入 50，6 缸发动机输入 70，保存；通道 51—输入 90，保存；通道 50—输入 50，保存；通道 49—输入 90，保存；通道 45—输入 1，保存；通道 44—输入 90，保存；通道 43—输入 150，保存；通道 42—输入 50～150，一般选择 150，保存；通道 41—输入 0，保存；通道 40—输入 0，保存；通道 39—输入 90（只有 6 缸发动机高配车辆才输入），保存。

103 高尔夫、新宝来与途观轿车保养周期手工复位

高尔夫、新宝来与途观车型保养完毕后，可以利用仪表上的按钮进行手工操作来清除保养周期提示。操作步骤如下。

（1）断开点火开关，按压里程表右侧的"0.O/SET"按钮。

（2）持续按住按钮，接通点火开关，保养周期显示区进入清零模式。

（3）松开按钮，然后在 20s 内按压转速表左下角按钮，显示屏稍后即恢复为常规显示模式。

104 其他车型保养复位

1）新君威轿车机油灯复位

（1）在驾驶人信息中心显示"OIL LIFE RESET"（重置机油寿命）。

（2）按住"ENTER"按钮持续至少 1s，"ACKNOWLEDGED"（确认）显示信息会出现 3s 或直至按下下一个按钮，由此告知系统已经被复位。

（3）将点火开关转至 OFF 位。

（4）启动车辆时，如果"CHANGE ENGINE OIL"（更换发动机机油）灯再次点亮并保持点亮，则发动机机油寿命系统没有被复位，应重复上述复位程序。

特别提醒：雪佛兰克鲁兹轿车机油灯复位的方法和新君威轿车机油灯复位的方法相同。

2）路虎揽胜极光车保养灯手动归零

接通点火开关，用转向盘右侧的 5 个键（4 个方向键、1 个 OK 键）和转向开关尾部的 i 键，调出服务功能菜单中的 VIN 码和报警状态；选择报警状态，按住转向盘右侧 5 个键中的向下键和转向开关尾部的 i 键，保持 5s 以上；然后启动车辆，检查保养灯是否被归零，如果保养灯没有归零再重复上述各步骤。

3）别克英朗轿车保养灯手动归零

由于别克英朗轿车全盘套用欧宝 Astra（雅特）轿车，它们的行车控制单元、复位键都一样，所以欧宝雅特轿车的保养灯手工复位方法一样适用于英朗轿车。

（1）压下并保持归零按键"A"，同时踩下制动踏板。

（2）将点火开关置于 ON 位，不要启动车辆。

（3）字符"INSP"将闪现或显示屏闪烁。

（4）继续保持压下归零按键"A"，直到"…"出现在显示屏上。

（5）释放归零按键"A"，松开制动踏板。

（6）将点火开关转回 OFF 状态，归零工作结束。

还有一种原始的归零方式，拔掉蓄电池线，保持断电状态达 5min 以上，即可将行车控制

单元大多临时数据归零，含保养灯归零在内。

4）东风标致 307 车保养灯归零

（1）断开点火开关。

（2）按下组合仪表上的单次计程表归零按钮，并保持按下的状态。

（3）接通点火开关。

（4）里程表显示屏开始倒计数，当显示屏显示 000000 时，松开按钮，此时组合仪表上显示屏中表示保养操作的扳手指示灯应熄灭。

注意：此操作完成后，如要断开蓄电池，必须将车辆上锁并至少等待 5min，否则归零不会被发动机控制单元记录下来。

第 7 章

冷却系统

105 冷却循环系统

　　水冷式发动机通过水泵（电控水泵或可控水泵）将汽缸套、机油散热器、ATF 油散热器中的冷却液加速流动，并将冷却液引入散热器中，再利用汽车行驶时吹进的自然风和散热扇向散热器吹的风，使冷却液在散热器中冷却，然后再将冷却液引入缸套、机油散热器、ATF 油散热器中，周而复始地循环冷却，同时也为暖风系统提供暖气。冷却循环系统如图 412、图 413 所示。

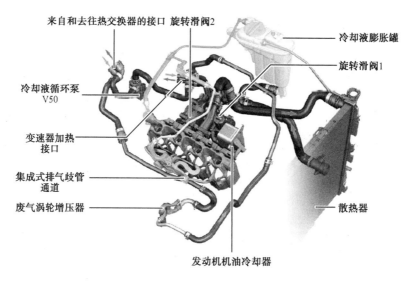

图 412　发动机冷却循环系统

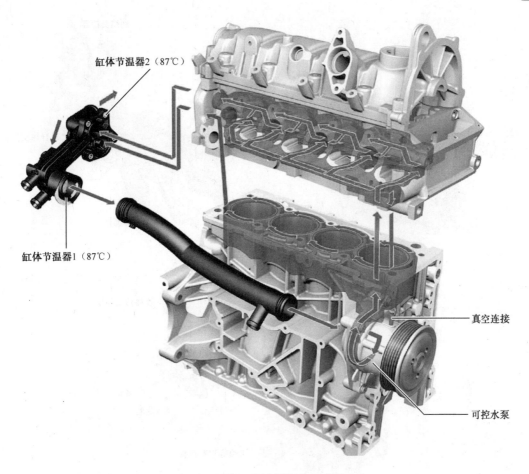

缸体节温器2（87℃）

缸体节温器1（87℃）

真空连接

可控水泵

图 413　双节温器控制的冷却循环系统

106　双节温器结构

为了实现发动机缸体的温度迅速升高，同时缸体的温度比缸盖温度稍微高一些，系统中设有节温器，装在一个支架上。两个节温器采用的是"expansion elements"*（膨胀元件安装在节温器内，里面填充石蜡，受热膨胀会顶起升程销。升程销带动节温器盘来打开大循环）原理。为了监控冷却液温度，冷却液温度传感器 G62 装在节温器 2 上，其结构如图 414 所示，安装位置如图 415、图 416 所示，测量的是缸盖出水口的温度。

采用双节温器的优点如下。

（1）汽缸体的温度可以升高得更快，因为冷却液在温度达到 105℃之前，会一直在汽缸体内循环。

（2）由于汽缸体温度较高，减少了曲柄连杆机构的摩擦，使机油的黏度降低。

（3）由于缸盖的温度稍低一些，燃烧室的温度也就低一些，好处是增加充气效率同时减小爆震倾向。

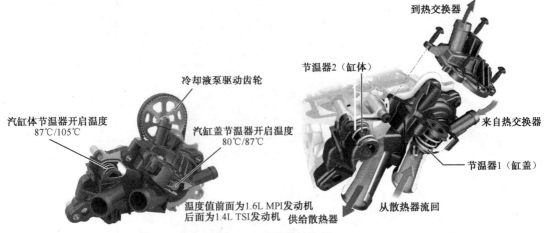

图 414　节温器结构图

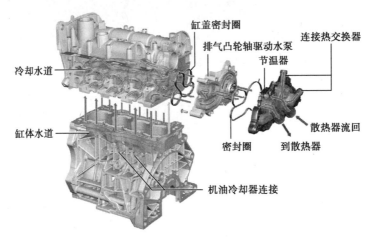

图 415　安装位置

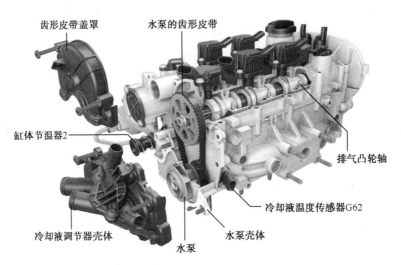

图 416　新款捷达节温器安装位置

107 双节温器的控制原理

为了控制冷却系统内的温度，冷却液的 1/3 用来冷却缸体，2/3 参与冷却缸盖，主要用来冷却燃烧室。流速和温度是通过节温器的横截面积来控制的。由于两个循环系统的温度不同，所以开启的温度也就不同。在这种情况下，需要两个分开的节温器。由于缸体循环的压力高，所以使用的是双行程的节温器，来实现精准的温控开启。如果使用的是单行程的节温器，就需要一个更大尺寸的节温器盘保证压力高时开启。但由弹簧力的作用，节温器将只在高温的时候打开。如果采用双行程节温器，在达到开启温度的初期，只需要一个小尺寸的节温器盘就能打开。由于受力面积小，反向作用力也就小，节温器在精确的温度控制过程中可以精确打开。在节温器盘移动一段距离后，小节温器盘驱动一个大节温器盘来打开节温器的整个横截面，如图 417 所示。

（1）冷却液温度低于 87℃时，两个节温器都处于关闭状态，发动机升温快，如图 418 所示。冷却液流经下面这些元件：冷却液泵→汽缸盖→节温器支架→小冷却液箱→机油冷却器→冷却液罐。

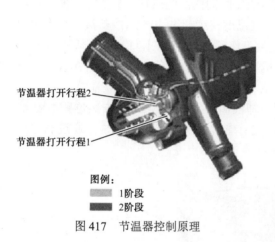

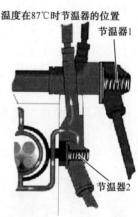

图 417　节温器控制原理　　　　　　图 418　两个节温器全关闭

（2）冷却液温度介于 87～105℃时，节温器 1 开启，节温器 2 关闭，从而将汽缸盖的温度设定在 87℃，汽缸体进一步升温，如图 419 所示。冷却液流经下面这些元件：冷却液泵→汽缸盖→节温器支架→小冷却液箱→机油冷却器→冷却液罐→散热器。

（3）汽缸盖温度设定在 87℃，汽缸体温度达到 105℃，两个节温器都打开，如图 420 所示。冷却液流经下面这些元件：冷却液泵→汽缸盖→节温器支架→小冷却液箱→机油冷却器→废气再循环阀→冷却液罐→散热器→缸体→节温器。

108 冷却液循环泵

1）冷却液循环泵简介

（1）冷却液循环泵安装位置。冷却液循环泵通过螺栓固定在缸体上，安装在进气歧管下面，它是增压空气冷却系统的一部分。

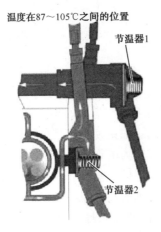

温度在87～105℃之间的位置
节温器1
节温器2

温度超过105℃时的位置
节温器1
节温器2

图 419　节温器 1 开启，节温器 2 关闭　　　　图 420　两个节温器全开

（2）冷却液循环泵的功用。它根据负荷来控制，将冷却液从附加散热器中吸出，泵入进气歧管内的冷却器和涡轮增压器。

（3）开始工作条件。每次发动机启动后的短时间内；输出转矩持续在 100N·m 以上的时候，冷却液循环泵工作；进气歧管内增压空气温度持续超过 50℃，冷却液循环泵工作；两个温度传感器之间的温差小于 8℃，冷却液循环泵工作；发动机每工作 120s，冷却液循环泵工作 10s，避免涡轮增压器产生热量积聚；关闭发动机后，根据电控单元存储的迈普图决定从 0～480s 之间的工作时间，避免涡轮增压器过热而产生气阻，冷却液循环泵工作。

（4）冷却液循环泵继电器安装位置。冷却液循环泵继电器 J496 安装位置如图 421 所示。如果这个泵失效，很可能会产生过热现象。这个泵本身并不带诊断功能，通过对比两个进气温度传感器的信号来识别冷却系统故障，OBD 警报灯会点亮。

未冷却的增压气体　　　冷却液进水　　　冷却液循环泵V50

━━ 冷却后的增压气体　　　▅▅ 热交换前的冷却液
━━ 未冷却的增压气体　　　▅▅ 热交换后的冷却液

图 421　冷却液循环泵继电器 J496 安装位置

2）大众冷却系统随动泵

控制单元根据特性曲线激活随动泵 V51，避免涡轮增压器涡轮轴上机油焦化结炭。发动机

热机关闭后工作 1～15min，该泵将较凉的冷却液逆着其流动方向传送。于是辅助水泵吸入的冷却液就从散热器经涡轮增压器流到发动机缸体，然后再流回散热器，消除停滞的热量，如图 422 所示。

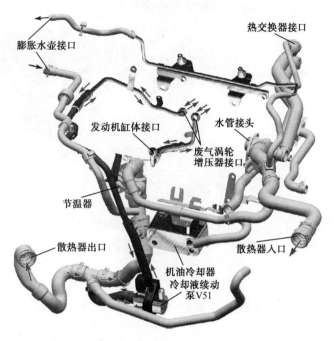

图 422 随动泵 V51 工作循环图

发动机横置的车上才装备冷却液续动泵 V51（辅助水泵），其结构与发动机纵置的车上的泵 V50 是相同的，如图 422 所示。V51 由发动机控制单元借助于 PWM-信号来操控。

冷却液续动泵 V51 由发动机控制单元根据操控单元（暖风控制单元 J65）的请求或者自动空调控制单元 J255 的信号来工作。

当发动机工作在一定转速时，该泵还会辅助发动机水泵，以便增大流经暖风热交换器冷却液液流（加大暖风发热量）。

另外，还可以快速降低废气涡轮增压器内的温度，这样就可以延长发动机机油的使用寿命。

109 创新温度管理（ITM）

在对发动机进行进一步改进时，对整个冷却循环系统也做了修改。主要有这几项内容：发动机的快速预热，通过快速且经热力学方面优化的发动机温度调节来实现降低油耗，以及在需要时给乘员舱加热。

创新温度管理的两个最重要部件是：集成在缸盖内的排气歧管和发动机温度调节执行元件 N493。创新温度管理是作为一个模块与水泵一起安装在发动机较冷的一侧的，如图 423、图 424 所示，其工作循环如图 425 所示。

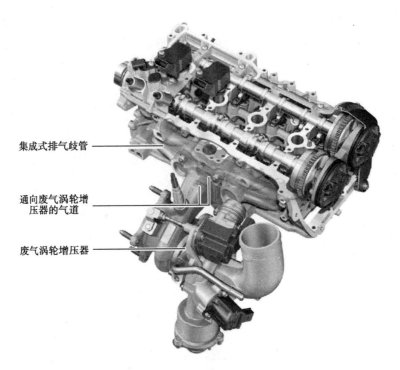

集成式排气歧管

通向废气涡轮增压器的气道

废气涡轮增压器

图 423　集成在缸盖内的排气歧管

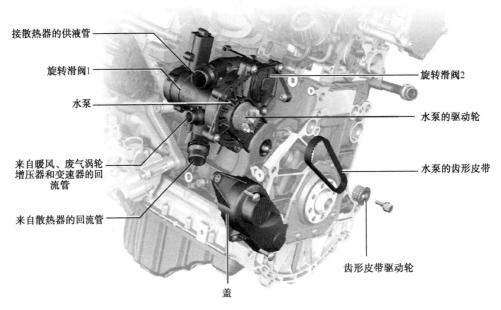

接散热器的供液管

旋转滑阀1

水泵

来自暖风、废气涡轮增压器和变速器的回流管

来自散热器的回流管

旋转滑阀2

水泵的驱动轮

水泵的齿形皮带

齿形皮带驱动轮

盖

图 424　水泵安装位置

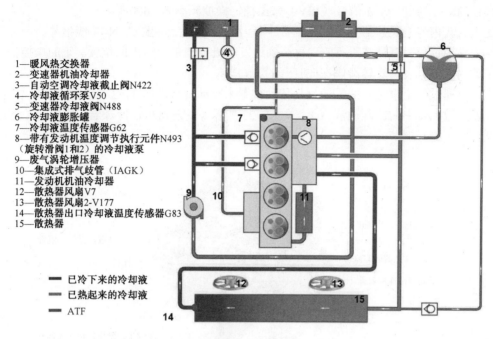

1—暖风热交换器
2—变速器机油冷却器
3—自动空调冷却液截止阀N422
4—冷却液循环泵V50
5—变速器冷却液阀N488
6—冷却液膨胀罐
7—冷却液温度传感器G62
8—带有发动机温度调节执行元件N493
　（旋转滑阀1和2）的冷却液泵
9—废气涡轮增压器
10—集成式排气歧管（IAGK）
11—发动机机油冷却器
12—散热器风扇V7
13—散热器风扇2-V177
14—散热器出口冷却液温度传感器G83
15—散热器

━━ 已冷下来的冷却液
━━ 已热起来的冷却液
━━ ATF

图 425　工作循环

发动机温度调节执行元件 N493 旋转滑阀：发动机温度调节执行元件 N493 在 1.8L 和 2.0L 发动机上，无论纵置和横置都是一样的。采用两个机械连接的旋转滑阀来调节冷却液液流。

旋转滑阀角度位置的调节是按照发动机控制单元内的各种特性曲线来进行的。

通过旋转滑阀的相应位置，就可实现不同的切换状态。因此，就可让发动机快速预热，也就使得摩擦变小了（因此燃油消耗就小了）。另外，可让发动机温度在 85～107℃ 之间变动，如图 426 所示。

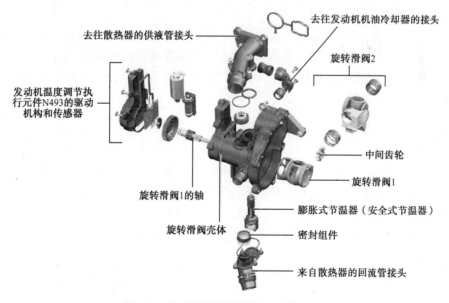

图 426　发动机温度调节执行元件 N493

发动机温度调节执行元件 N493 的功能：一个直流电动机驱动旋转滑阀转动，该电动机由发动机控制单元通过 PWM 信号（12V）来操控，操控频率为 1000Hz。

这里的新内容是操控信号，这是个数字信号，从结构上讲像 CAN-总线信号。

这个操控过程一直持续进行着，直至到达发动机控制单元给出的位置。正的操控信号（诊断仪上的测量值）表示旋转滑阀在向打开的方向转动。

电动机通过一个很结实的蜗轮蜗杆传动装置来驱动旋转滑阀1，这样就能控制机油冷却器、缸盖以及主散热器中的冷却液液流了，如图 427 所示（变速器机油冷却器、废气涡轮增压器和暖风回流管不进行调节）。

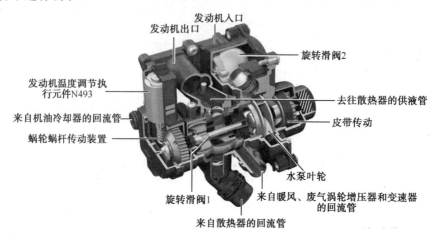

图 427　电动水泵（发动机取消了节温器）

旋转滑阀2是通过一个滚销齿联动机构与旋转滑阀1相连的。该联动机构的结构是这样的：旋转滑阀2在特定角度位置会与旋转滑阀1连上和脱开。旋转滑阀2的旋转运动（打开流经缸体的冷却液液流）在旋转滑阀1转角约为145°时开始，在旋转滑阀1转角约为85°时再次脱开。此时旋转滑阀2达到了其最大转动位置，缸体内的冷却液循环管路就完全打开了。旋转滑阀的运动会受到机械止点的限制。

发动机越热，旋转滑阀的转动也就越大，这样的话不同的横断面也就有不同的流量了。

为了能准确识别旋转滑阀的位置及功能故障，就在旋转滑阀的控制电路板上装了一个旋转角度传感器，该传感器将数字电压信号（SENT*）发送给发动机控制单元。旋转滑阀1的位置可用诊断仪在测量值中读出。

操控策略如下。

1）预热

要想预热发动机，旋转滑阀1就得转到160°的位置。在此位置处，旋转滑阀1会封闭发动机机油冷却器和主散热器回流管开口，旋转滑阀2会封闭通向缸体的开口。自动空调冷却液截止阀 N422 和变速器冷却液阀 N488 暂时关闭，冷却液续动泵 V51 不通电，这时冷却液不在缸体内循环。不流动的冷却液根据负荷和转速情况，被加热至最高90℃，如图 428 所示。

2）自加热

如果有加热请求，那么自动空调冷却液截止阀 N422 和冷却液续动泵 V51 就会被激活，于是冷却液就会流经缸盖、废气涡轮增压器和暖风热交换器，如图 429 所示。

图 428　预热　　　　　　　　　　　图 429　自加热

3）小流量

该功能用于在缸体内的冷却液静止（就是不流动）时，防止缸盖（集成式排气歧管）和涡轮增压器过热。为此就要将旋转滑阀 1 转到约 145°的位置上。从该位置起，滚销齿联动机构就会带动旋转滑阀 2 动作，该阀开始打开，如图 430 所示。这时，少量冷却液就会流经缸体而进入缸盖，流经涡轮增压器，再经旋转滑阀模块流回水泵。

还有一部分冷却液在需要时会经冷却液止回阀 N82 流向暖风热交换器。冷却液续动泵 V51 仅在"有加热要求时"才会激活工作。由于可以快速加热冷却液，因而在发动机预热阶段就可以将摩擦降至最小了。

4）接通发动机机油冷却器的预热运行

预热阶段在接下来就只接通发动机机油冷却器。从旋转滑阀 1 达到 120°位置起，发动机机油冷却器接口就开始打开了。

与此同时，旋转滑阀 2 也一直在继续打开，流经缸体的冷却液流就越来越大。通过有针对性地来接通发动机机油冷却器，可以额外加热发动机机油，如图 431 所示。

图 430　小流量　　　　　　　图 431　接通发动机机油冷却器的预热运行

5）变速器机油加热

在发动机热到足够程度后，会打开变速器冷却液阀 N488，以便用过剩的热来加热变速器机油，如图 432 所示。

图 432　变速器机油加热

变速器机油加热功能在下述情况下接通：不用暖风的话，冷却液温度达到 80℃时；使用暖风的话，冷却液温度达到 97℃时。

6）通过主散热器实施温度调节

在转速和负荷很小时，就把冷却液温度调至 107℃，以便使得发动机摩擦最小。随着负荷和转速升高，会将冷却液温度调低，最低可至 85℃。

为此，旋转滑阀 1 就在 85°和 0°之间根据冷却需要来进行调节。在 0°这个滑阀位置时，主散热器回流接口就完全打开了，如图 433 所示。

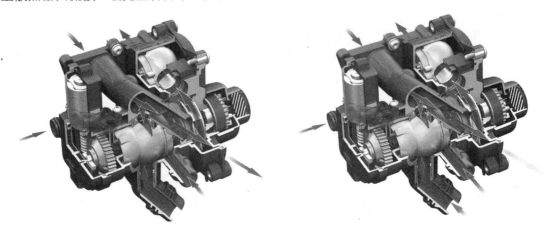

（a）部分负荷　　　　　　　　　　　　　　　　　（b）全负荷

图 433　通过主散热器实施温度调节

7）关闭发动机后的续动功能

为了避免缸盖和涡轮增压器处的冷却液在发动机关机后沸腾，也为了避免对发动机不必要的冷却，会按特性曲线启动续动功能。该功能在发动机关闭后，最多可工作 15min。

为此就将旋转滑阀转至"续动位置"（160°～255°）。在这个续动工况，也会实现冷却液温度调节。在需要以最大续动能力来工作（255°）且冷却液温度较低时，主散热器回流接口打开，但是去往缸体的接口却用旋转滑阀 2 给封闭了。另外，冷却液续动泵 V51 和冷却液止回阀 N82 也都激活了。

冷却液这时分成两个分流：一个是经缸盖流向 V51，另一个经涡轮增压器流经旋转滑阀，随后再流经主散热器而流回冷却液续动泵 V51，如图 434 所示。

缸体在续动位置时，就没有冷却液流过了。通过这个功能，可以明显降低续动持续时间，且不会产生大量的热能损失。

故障情况：如果转角传感器损坏了，则该旋转滑阀就会开至最大位置（发动机冷却能力最强）。如果直流电动机损坏或者旋转滑阀卡死，则根据旋转滑阀位置情况，会激活转速限制和扭矩限制功能。

如果旋转滑阀内的温度超过 113℃，则旋转滑阀内的膨胀式节温器就会打开通向主散热器的一个旁通支路，这样的话冷却液就可以流经主散热器。于是，出现故障时也可以继续行驶了。

其他反应：

（1）组合仪表上出现信息，提示转速已被限制在 4000r/min，提示音响一次，EPC-灯也接通。

（2）组合仪表上显示真实的冷却液温度。

（3）打开冷却液截止阀 N82。

（4）激活冷却液续动泵 V51，以保证缸盖的冷却。

发动机温度调节执行元件 N493 控制电路图如图 435 所示。

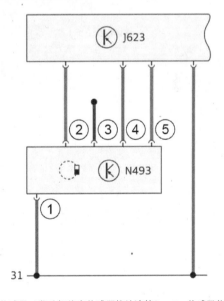

1—传感器（发动机线束传感器接地连接）；2—传感器信号；

3—传感器（发动机线束的 5V 连接）；4—执行元件-；5—执行元件+

图 434　关闭发动机后的续动功能　　　　　图 435　N493 控制电路图

110 冷却液散热器

冷却液散热器几乎都使用铝合金散热器芯。设计冷却液散热器时，必须确保在所有可能的运行和环境条件下，冷却液散热器可将发动机内产生的余热有效释放到环境中去。

例如，宝马 E65 的冷却液散热器包括两部分：一部分主要负责发动机冷却的高温区，另一部分确保自动变速箱油冷却的低温区。其实现方式是，通过集成在冷却液箱内的分流器使高温区附近的部分冷却液转变流向。

与以前车型上使用的铝合金/塑料冷却液散热器相比，加满冷却液时重量减轻了 400g，总计减小了大约 5%，部件厚度减小了 21mm。散热器芯与水箱之间的钎焊接头取代了以前常用的带凸起管板的机械接头。

因此，与传统冷却液散热器相比，全铝冷却液散热器不仅部件厚度较小，而且更可靠、使用寿命更长。这种全铝结构还首次采用了用于快速接头的 VDA 连接管。

通过在两个水箱中安装调节套管可在变速箱油/冷却液热交换器内隔出一个用于变速箱油冷却的低温区域，如图 436 所示。

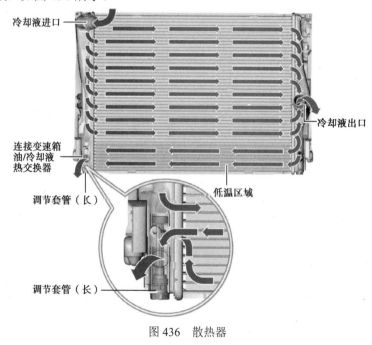

图 436　散热器

111 特性曲线式节温器

冷却液温度会影响耗油量、功率、混合气形成质量、污染物排放量及部件的机械负荷。

优化这些参数时不允许在不同转速和负荷条件下温度值固定不变，而是要求针对不同运行情况达到相应的温度范围。

通过采用特性曲线式节温器有助于达到最佳温度，如图 437 所示。

DME 为特性曲线式节温器提供 12V 车载网络供电。DME 在接地侧进行控制。用于计算的输入参数包括：发动机转速、负荷、车速、进气温度、冷却液温度。

DME 根据这些输入参数计算出针对各种运行情况的最佳冷却液温度，并通过有针对性地为一个加热式节温器供电且根据需要控制电风扇来调节该冷却液温度。

满负荷时可通过降低冷却液温度改善汽缸充气效果。此外，还可通过降低发动机温度降低爆震危险。这样可以有效提高发动机的功率和扭矩。

加热电阻安装在节温器的蜡制元件内。DME 为加热电阻供电时，蜡制元件膨胀并克服弹簧的弹簧力封住汽缸盖供给管路的入口。弹簧负责在蜡制元件冷却后使节温器返回静止位置。

图 437　特性曲线式节温器

发动机处于冷态时，冷却循环回路由汽缸盖供给管路经节温器连至冷却液泵，如图 438 所示。

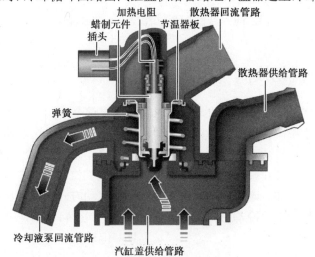

图 438　特性曲线式节温器关闭

发动机处于热态时，冷却循环回路由汽缸盖供给管路经散热器供给管路通过散热器，再经散热器回流管路通过节温器板的开启横截面连接冷却液泵回流管路，如图 439 所示。

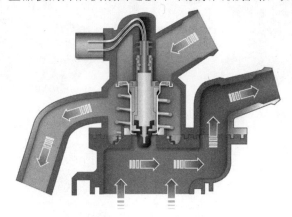

图 439　特性曲线式节温器打开

此时蜡制元件不再仅仅通过流经的冷却液来加热，而是可以通过"人工方式"加热并在以前不会做出响应的温度下启用。

发动机管理系统根据存储的特性曲线和实际行驶状况控制加热元件，如图 440 所示。

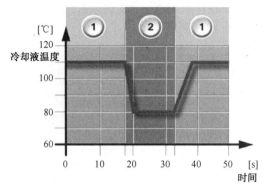

1—加热元件未通电；2—加热元件通电

图 440　特性曲线式节温器的温度曲线图

112 冷却液停流切换阀

创新温度管理（ITM）系统使用的是一个球阀。如果这个球阀关闭了，冷却液流动就被中断了。这时冷却液就停滞在整个发动机内，发动机机油急速变热，这就缩短了摩擦损失所持续的时间。在每次启动发动机后，如果冷却液温度低于 80℃，就会让冷却液停流。

这个切换阀用法兰安装在减振器和空气进气装置之间的缸体上，它与冷却液泵和缸体之间的压力侧冷却液管合为一体。该阀通过一个真空单元以气动方式来操控。真空是由真空泵提供的，由一个电动转换阀（缸盖冷却液阀 N489）来控制，如图 441 所示。

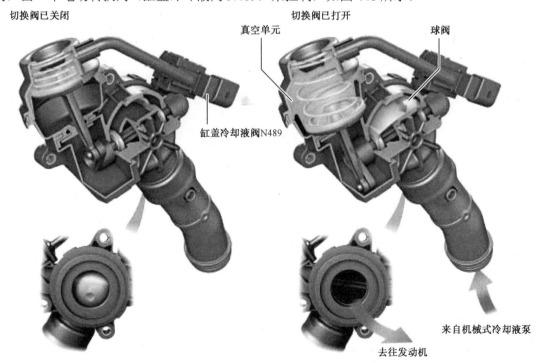

图 441　创新温度管理系统

切换阀、真空单元和电动转换阀构成了一个部件（就是安装在一起）。所有的切换动作都是由特性曲线来控制的。如果球阀激活，就处于"关闭"位置了。没有中间位置。

在发动机已达到正常工作温度时，如果又重新放开冷却液流，那么这个切换阀会节拍动作，这样就可避免突然涌入的冷却液降低发动机缸体内的冷却液温度。可以借助于执行元件诊断来触发这个切换阀，以便实施诊断，也可以手动检查或者用手动真空泵来检查。

特性曲线控制的发动机冷却系统节温器 F265：这个节温器安装在冷却液泵进液的一侧，它通过一个蜡膨胀元件根据温度来打开，如图 442 所示。另外，可以通过一个加热元件来降低开启温度。这个触发过程是由发动机控制单元来执行的，其内部存储有一个特性曲线。控制单元在计算时要用到的输入量有：空气温度、发动机负荷、车速和冷却液温度。控制单元就是根据这些量来计算出膨胀元件的无级调节电加热情况的。

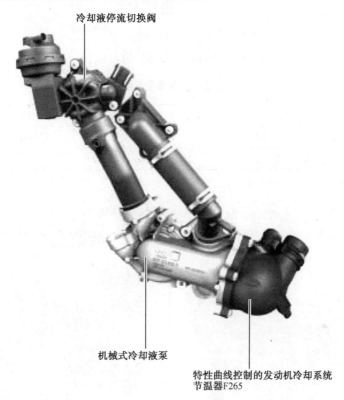

冷却液停流切换阀

机械式冷却液泵

特性曲线控制的发动机冷却系统
节温器F265

图 442　节温器安装位置

这个节温器的机械结构与环形滑阀式节温器是相同的，节温器在发动机正面处，两个缸盖内流动的冷却液汇集在这个节温器壳体内，如图 443 所示。

这个冷却液大循环节温器在温度超过 97℃时会打开，膨胀元件的推杆顶在壳体端盖上，环形阀与膨胀元件一同移动，会将小循环与大循环分隔开（具体取决于环形阀位置），如图 444 所示。节温器壳体上有三个定位销，发动机罩盖就卡在这些销子上。注：工作温度范围为-40～+135℃，如表 5 所示。

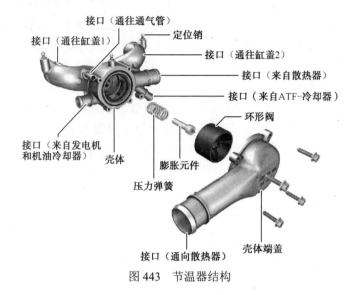

图443 节温器结构

表5 工作温度范围

工作温度范围	−40～+135℃
节温器开启温度（未通电）	97±2℃
节温器开启温度（已通电）	1)

注：1）取决于通电和外界温度（特性曲线）。

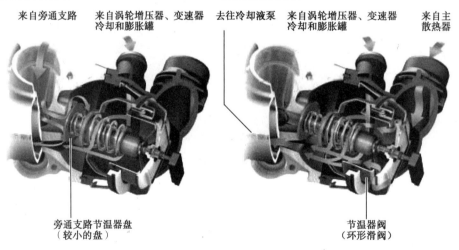

图444 工作原理

第8章

发动机传感器

113 冷却液温度传感器

1）大众水温传感器

冷却液温度传感器用于检测发动机冷却水温，向 ECU 输入温度信号，作为燃油喷射和点火正时的修正信号，同时也是其他控制系统的控制信号。在冷却水温较低的冷机状态下，加浓空燃比，使发动机稳定地燃烧。在发动机为冷机时，如不能发出冷机状态信号，则空燃比变得稀薄，发动机处于不正常状态。反之，当发动机处于暖机状态时，若发出冷机状态信号，空燃比过浓，发动机仍处于不正常状态。

大众 CC、速腾、迈腾、高尔夫轿车都使用同一型号的冷却液温度传感器 G62，G62 为负温度系数的热敏电阻，安装在发动机冷却液出水管即冷却水套中，如图 445 所示，用于检测发动机冷却液的温度，并把所检测到的温度信号以电信号的形式输入 ECU，为修正喷油量及点火时间提供依据。G62 的接头端子号码为 1 和 2，与 J623 控制单元的 T60/14 和 T60/57 号接头端子相连，传感器与 ECU 的连接如图 446 所示。

图 445　水温传感器结构及安装位置

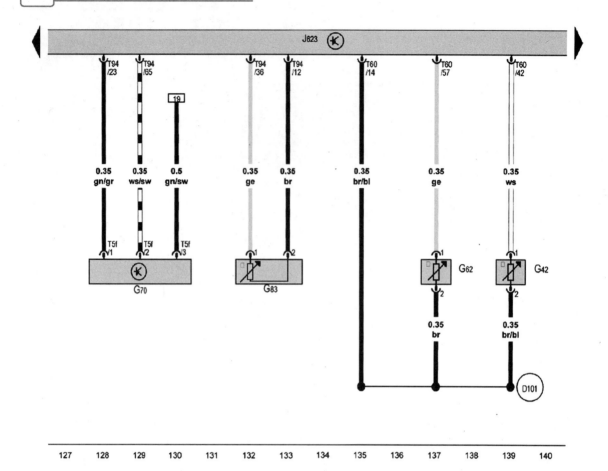

G42—进气温度传感器；G62—冷却液温度传感器；G70—空气质量计；G83—冷凝器出口上的冷却液温度传感器，黑色；

J623—发动机控制单元，排水槽内中部；T5f—5 芯插头连接；T60—60 芯插头连接；T94—94 芯插头连接；

D101　连接 1，在发动机舱导线束中；

ws—白色；sw—黑色；ro—红色；rt—红色；br—褐色；gn—绿色；bl—蓝色；gr—灰色；li—淡紫色；

vi—淡紫色；ge—黄色；or—橘黄色；rs—粉红色

图 446　进气温度传感器、冷却液温度传感器、空气质量计、

冷凝器出口上的冷却液温度传感器、发动机控制单元

冷却液温度传感器 G62 不断地向 ECU 输入冷却液温度的信号，如果此温度传感器损坏，则信号也将中断，ECU 也不能再确定水温，会导致发动机冷机或热机时启动困难、油耗增加、怠速不稳、排放升高等故障。冷却液温度传感器的检测方法如下。

（1）检测电源电压。拔下冷却液温度传感器的连接器接头，打开点火开关，测量 ECU 相应端子间 J623 控制单元的 T60/14 与搭铁之间的电压，应为 2.48V 左右，怠速时端子 1-2 之间的电压约为 1.078V，水温 90℃时端子 1-2 之间的电压约为 0.832V。

（2）检测电阻。断开点火开关，用万用表测量不同温度下传感器两端子间的阻值，水温 90℃时阻值约为 25MΩ，常温下端子 1-2 之间的阻值约为 0.827kΩ，否则，应更换传感器。

2）宝马水温传感器

DME 为冷却液温度传感器提供接地连接。另一个接口与 DME 内的一个分压器电路相连。

冷却液温度传感器与进气温度传感器的工作原理相同，结构如图 447 所示。

图 447　宝马水温传感器结构

该电阻为负温度系数（NTC）电阻，即电阻值随温度的升高而减小。

该电阻是分压器电路的一个组成部分，DME 为其提供 5V 供电。电阻上的电压取决于空气温度。DME 内存有一个不同电压值与对应温度值的对照表，从而补偿电压与温度之间的非线性关系。

温度变化时，电阻值在 167kΩ～150Ω 范围内变化，相应温度为-40～130℃。

114　进气压力温度传感器

1）大众进气压力温度传感器

进气歧管绝对压力传感器（也称进气压力传感器或 MAP）用在 D 型和缸内直喷汽油喷射系统（应用在发动机上的电子控制多点间歇式汽油喷射系统中，基本特点是以进气歧管压力和发动机转速为基本控制参数来控制喷油器的基本喷油量）中，根据发动机的负荷测出进气歧管内压力的变化，并通过电路的连接转化为电信号和转速信号一起输入给汽车电控单元（ECU），作为确定喷油器喷油量的基本依据。进气压力增大，喷油量增多，点火提前角变小。

进气温度传感器用于检测进气温度，并将温度信号变换为电信号传送给 ECU。进气温度信号是各种控制功能的修正信号。如果进气温度传感器信号中断，就会导致热启动困难，废气排放量增大。

ECU 根据发动机的进气温度和压力信号修正喷油量，使发动机自动适应外部环境温度（寒冷、高温）和压力（高原、平原）变化。当进气温度低时（空气密度大），热敏电阻阻值大，传感器输入 ECU 的信号电压高，ECU 控制喷油器增加喷油量；反之，当进气温度高时（空气密度小），热敏电阻阻值小，传感器输入 ECU 的信号电压低，ECU 将控制喷油器减少喷油量。

（1）新款高尔夫、捷达型轿车半导体压敏电阻式进气压力传感器的检测。此类型轿车的进气压力传感器与进气温度传感器制成一体，安装在进气系统的动力腔上，这两种传感器配合工作能准确地反映汽缸的进气量。对于速腾、高尔夫轿车，此传感器集成在进气歧管内的冷却器上，监控冷却后的增压空气的压力和温度，如图 448 所示。进气压力传感器的外形如图 449 所示。该传感器连接器的 4 个连接端子 1、2、3、4 分别与 ECU 的 J623 端子相连，其连接电路如图 450 所示。

 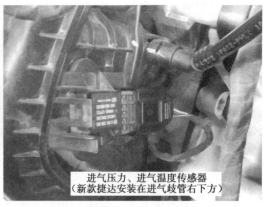

（a）速腾进气压力传感器位置　　　　　　　　（b）新款捷达进气压力传感器位置

图448　进气温度传感器安装位置

图449　进气压力传感器的外形

　　（2）新款捷达、速腾进气压力温度传感器的检测。用万用表直流电压挡检测电压，打开点火开关，检查进气压力传感器连接器 3-1 端子间的电源电压，标准值应为 5V 左右；端子 4-1 之间怠速进气信号电压约为 1.362V（速腾 1.4TSI 信号电压为 0.715～0.485V），加速时电压约为 1.08V，端子 2-1 之间进气温度信号电压约为 3.72V（速腾 1.4TSI 信号电压为 2.65V）。如果信号电压经检查不符合上述规定，说明传感器已经损坏，应进行更换。其标准波形如图 451 所示。

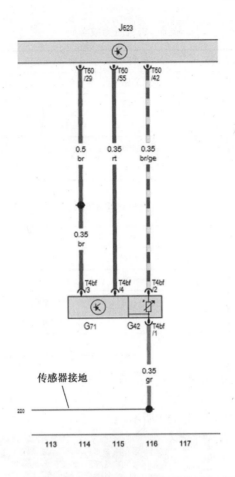

图 450　进气压力传感器连接电路

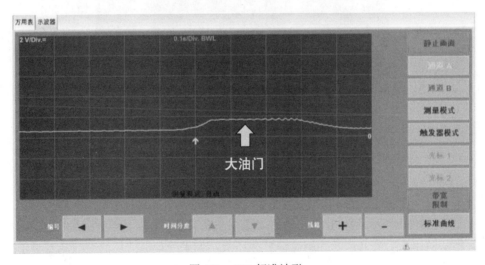

图 451　G71 标准波形

常见故障码如表 6、表 7 所示。

表6 进气压力故障码

传感器名称	代 号	针 脚 号	故障类型	故障代码	故 障
进气管压力 传感器	G71	T60/29	正极断路	P010700	进气管压力/空气压力,信号太小
		传感器接地	接地断路	P011300	进气温度传感器1,过大信号
				P010800	进气管压力/空气压力,过大信号
		T60/55	信号断路	P010800	进气管压力/空气压力,过大信号
		T60/55	信号短地	P010700	进气管压力/空气压力,信号太小

表7 进气温度故障码

传感器名称	代 号	针 脚 号	故障类型	故障代码	故 障
进气温度传 感器	G42	T60/29	正极断路	P010700	进气管压力/空气压力,信号太小
		传感器接地	接地断路	P011300	进气温度传感器,过大信号
				P010800	进气管压力/空气压力,过大信号
		T60/42	信号断路	P011300	进气温度,过大信号
		T60/42	信号短地	P011200	进气传感器,信号太小

2)增压压力传感器 G31 和进气温度传感器 G299

该传感器装在节流阀体之前的进气管上,监控涡轮增压之后的进气压力和温度。发动机监控 G31 的信号来调整增压压力,如图 452 所示。

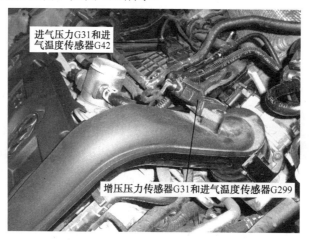

图 452 增压压力传感器 G31 和进气温度传感器 G299 安装位置

(1)进气温度传感器 G299 信号的作用。

① 用于计算增压压力的修正补偿温度对于进气密度的影响;②元件保护,如果进气温度超过限定值,增压压力降低;③控制冷却液循环泵,如果冷却器前后的空气温差小于 8℃,那么冷却液循环泵就会被激活;④监控冷却液循环泵的工作状况,如果两个传感器的温度小于 2℃,说明循环泵失效,OBD 警报灯会亮起。

(2)失效影响。如果两个信号同时失效,涡轮增压压力控制变成开环控制,动力下降。

(3)增压压力传感器的检测方法。用万用表直流电压挡检测电压,打开点火开关,检查进气压力传感器连接器 3-1 端子间的电源电压，标准值应为 5V 左右，端子 2-3 之间的电压约为 2.888V，端子 2-1 之间的电压约为 2.103V，端子 4-1 之间的电压约为 1.894V，端子 4-3 之间的电压约为 3.145V；怠速端子 4-1 之间进气信号电压约为 0.716V，端子 4-3 之间的电压约为 4.25V，端子 2-1 之间的进气温度信号电压约为 2.213V，端子 2-3 之间的电压约为 2.876V。如果信号电压经检查不符合上述规定，说明传感器已经损坏，应进行更换。其控制电路如图 453 所示，标准波形如图 454 所示。

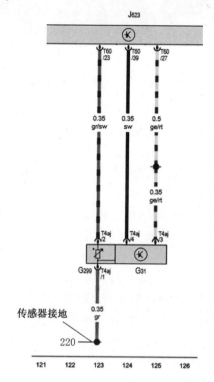

图 453　速腾 1.4TSI 增压压力传感器电路图

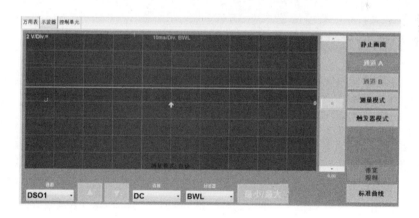

图 454　标准波形

3）宝马进气温度和差压传感器

宝马进气温度和差压传感器结构如图 455 所示。

图 455　宝马进气温度和差压传感器结构

　　发动机采用了组合式进气温度和差压传感器。该传感器安装在进气集气管上，为 DME 控制单元提供进气装置内空气的温度和差压信号。DME 控制单元根据进气管压力传感器信号调节节气门位置。

　　（1）差压传感器。空气压力通过传感器外侧的一个开孔施加到评估元件上，进气管压力施加在对面一侧，从而使传感器识别出差压。

　　DME 为传感器提供 5V 供电和接地连接。通过信号导线将差压信号发送至 DME。

　　用于差压的可分析信号随压力变化而变化。与测量范围（0.5～4.5V）相对应的差压为 20（0.2bar）～250kPa（2.5bar）。

　　（2）进气温度传感器。DME 为进气温度传感器提供接地连接，另一个接口与 DME 内的一个分压器电路相连。进气温度传感器包括一个热敏电阻器，该电阻器伸入进气气流内，测量进气温度。该电阻为负温度系数（NTC）电阻，即电阻值随温度的升高而减小。

　　该电阻是分压器电路的一个组成部分，DME 为其提供 5V 供电。电阻上的电压取决于空气温度。DME 内存有一个不同电压值与对应温度值的对照表，从而补偿电压与温度之间的非线性关系。

　　温度变化时，电阻值在 167kΩ～150Ω 范围内变化，相应温度为-40～130℃。

115 触发轮齿式霍尔曲轴位置传感器

　　曲轴位置传感器（CKP 或 CPS-Crankshaft Position Sensor）又称为发动机转速与曲轴转角传感器，其功用是采集曲轴转动角度和发动机转速信号，并输入电子控制单元（ECU），以便确定喷射顺序、喷射正时、点火顺序、点火正时，并根据信号监测到的曲轴转角波动的大小来判断发动机是否有失火现象。它是发动机集中控制系统最主要的传感器之一，是控制发动机燃油喷射和点火时刻确认曲轴位置的信号源，同时它也是测量发动机转速的信号源。曲轴位置传感器用来检测活塞上止点及曲轴转角的信号并将其输入发动机 ECU，用来对点火时刻和喷油正时进行控制。在现代电控发动机上，曲轴位置传感器和发动机转速传感器制成一体，既用于发动机曲轴位置、活塞上止点位置的测定，又可用于发动机转速的测定。

1）触发轮齿式霍尔曲轴位置传感器结构

　　触发轮齿式霍尔曲轴位置传感器即差动霍尔式曲轴位置传感器，也叫双霍尔式曲轴位置传感器，其结构与磁脉冲式曲轴位置传感器相似，由带凸齿的信号转子和霍尔信号发生器组成，如图 456 所示。

2）触发轮齿式霍尔曲轴位置传感器工作原理

触发轮齿式霍尔曲轴位置传感器的工作原理与触发叶片式霍尔曲轴位置传感器的工作原理相同。触发轮齿式霍尔曲轴位置传感器的信号转子即凸齿转子安装在发动机曲轴上（部分汽车以发动机的飞轮为信号转子），当发动机曲轴或飞轮转动时，传感器的信号转子随其一起转动，从而使信号转子的齿缺与凸齿转过霍尔电路（与触发叶片式霍尔电路相同，由霍尔元件、放大电路、稳压电路、温度补偿电阻、信号变换电路和输出电路等组成）的探头，使齿缺或凸齿与霍尔探头之间的气隙发生变化，磁通量随之变化，即磁场强度 B 发生变化，根据霍尔效应，在传感器的霍尔元件中就会产生交变电压信号，如图 457 所示，其输出电压由两个霍尔信号电压叠加而成。因为输出信号为叠加信号，所以转子凸齿与信号发生器之间的气隙可以增大到 1.0±0.5mm（普通霍尔式传感器仅为 0.2～0.4mm），从而可将信号转子设置成像磁感应式传感器转子一样的齿盘式结构，其突出优点是信号转子便于安装。

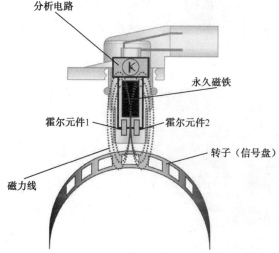

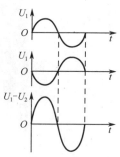

图 456　触发轮齿式霍尔曲轴位置传感器结构　　　　图 457　触发轮齿式霍尔曲轴位置传感器电压波形

汽车用霍尔式传感器一般为三线或两线：一根为电源线，供给工作电压，一般为 12V（也有用 8V、5V、9V 的）；一根为信号线，需要提供 5V 参考电压，通过三极管的导通或关闭，实现 0～5V 的脉冲变化。

116　新款大众曲轴位置检测

霍尔曲轴位置传感器结构如图 458 所示。

新款速腾霍尔曲轴位置传感器安装在汽缸体左侧发动机后端靠近飞轮处，零件编号为 G28，传感器用螺钉固定在发动机缸体上，信号转子为齿盘式，齿数为 60-2 齿，即在原来为 60 齿的圆周上，切掉 2 个齿，形成在其圆周上均匀间隔的 58 个凸齿、57 个小齿缺和一个大齿缺，如图 459 所示。因为原来的 60 齿在圆周上均匀分布，齿与齿的间隔度数为 360°/60=6°，因此每个凸齿和小齿缺所占的曲轴转角均为 3°。曲轴旋转一圈，将会产生 58 个脉冲信号。大齿缺所占的弧度相当于两个凸齿和三个小齿缺所占的弧度，大齿缺所占总的曲轴转角为 15°（2×3°+3×3°=15°）。大齿缺输出基准信号，对应发动机汽缸 1 或汽缸 4 压缩上止点前一定角度。

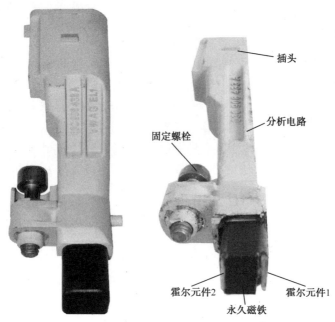

插头

分析电路

固定螺栓

霍尔元件2　　霍尔元件1

永久磁铁

图 458　曲轴位置传感器结构

曲轴位置传感器G28

信号靶轮

曲后油封

图 459　曲轴位置传感器

　　信号转子上设有一个产生基准信号的大齿缺，当大齿缺转过磁头时，信号电压所占的时间较长，即输出信号为一宽脉冲信号，该信号对应于汽缸 1 或汽缸 4 压缩上止点前一定角度。电子控制单元接收到宽脉冲信号时，便可知道汽缸 1 或汽缸 4 上止点位置即将到来，至于即将到来的是汽缸 1 还是汽缸 4，则需根据凸轮轴位置传感器输入的信号来确定。由于信号转子上有 58 个凸齿，因此信号转子每转一圈（发动机曲轴转一圈），传感线圈就会产生 58 个交变电压信号输入电子控制单元 ECU。因此，ECU 每接收到曲轴位置传感器 58 个信号，就可知道发动机曲轴旋转了一圈。以此类推，ECU 根据每分钟接收曲轴位置传感器脉冲信号的数量，便能计算出发动机曲轴旋转的转速和曲轴的位置，输出波形如图 460 所示。

　　曲轴位置传感器 G28 与控制单元 J623 的连接关系如图 461 所示。

　　霍尔曲轴位置传感器的检测方法如下。

　　（1）故障征兆检测。在发动机运行中，当曲轴位置传感器出现故障时，会导致信号中断，发动机不能启动或在运行时立即熄火，这时电子控制单元可以诊断到故障并进行代码存储。

　　（2）信号转子与磁头间间隙检查。用厚薄规检查信号转子与磁头间间隙，标准值为 0.2～0.5mm。不在标准范围内时，需进行调整。

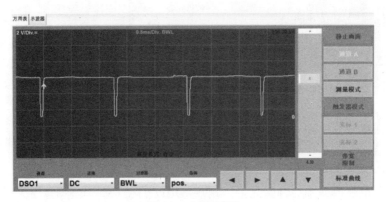

图 460　输出波形

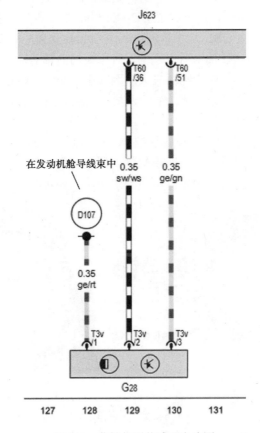

J623

在发动机舱导线束中

图 461　曲轴位置传感器电路图

（3）输出电压测量。用万用表的交流电压挡，打开点火开关，端子 T3v/3 为传感器搭铁。端子 T3v/1 与端子 T3v/3 之间电压约为 5V；端子 T3v/2 与端子 T3v/1 之间电压约为 5V。怠速或启动时端子 T3v/2 信号电压约为 2.266V。

（4）检查传感器与 ECU 之间的连接线束。分别检查端子与控制单元间的电阻值，应不超过 1.5Ω。如果电阻为无穷大，说明存在导线断路或接触不良，需进行维修。

（5）利用 VAS6150B 故障诊断仪，通过故障诊断插座可以读取故障信息。如果曲轴位置传感器故障，则会出现 00513-发动机转速传感器 G28 故障代码。

（6）阻值测量。端子 2-3 之间阻值约为 2.230MΩ。

（7）常见故障码如表 8 所示。

表 8　常见故障码

传感器名称	代　号	针脚号	故障类型	故障代码	故　障
发动机转速传感器	G28	正极	正极断路	P033500	发动机转速传感器，功能失效
		T60/51	接地断路	P033500	发动机转速传感器，功能失效
		T60/36	信号断路	P033500	发动机转速传感器，功能失效
		T60/36	信号短地	P033500	发动机转速传感器，功能失效

例如，大众车更换曲轴后油封之后，出现 OBD 灯点亮、加速无力故障。接故障诊断仪 VAS6150B 读取发动机控制单元故障码如下：检测到多缸不发火；检测到 3 缸不发火；检测到 2 缸不发火。读取发动机测量值，试车加速至 2000r/min 时，第 2、3 缸持续出现有规律的断火故障，且断火次数几乎一致，OBD 灯频繁闪烁，发生次数升高，故障灯常亮。

考虑到此故障为更换曲轴后油封后出现的，对更换的曲轴后油封进行检查。因发动机控制单元始终存储有断火的故障码，初步判断失火原因如下：配气正时错位，点火线圈及喷油器故障，发动机控制单元故障。仔细分析后，维修人员认为故障点还是在曲轴油封上，于是装复之前的旧曲轴油封，结果故障现象消失。

当发动机转速为 2000r/min 时，发动机控制单元可对凸轮轴喷油进行调节，参考信号为曲轴位置信号。更换曲轴后油封时，由于所换配件与原车配件不符（如图 462 所示），曲轴位置传感器型号错误，导致错误信号的产生，从而导致了上述故障。

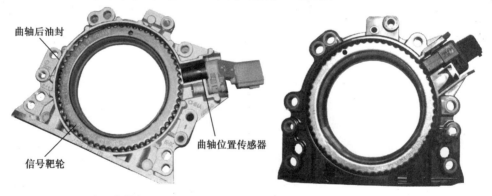

（a）新配件号为L03C 102 170　　　　　（b）原车配件号为03C 102 170R

图 462　所换配件与原车配件不符

更换与原车相同的配件（带密封圈和脉冲发生器轮的密封法兰），故障排除。

117　凸轮轴霍尔式位置传感器

新款捷达的凸轮轴位置传感器向 J623 提供第 1 缸点火位置信号，故又称为判缸传感器。霍尔传感器安装在气门室盖上，如图 463 所示。其结构如图 464 所示。霍尔传感器是一个电子开关，它按霍尔原理工作。霍尔传感器隔板上有一个霍尔窗口，曲轴每转两周产生一个信号，根据霍尔信号和发动机转速传感器的点火时间信号，控制单元识别出 1 缸点火上止点，其电路图如图 465 所示。

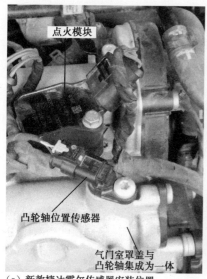

（a）新款捷达霍尔传感器安装位置　　　　　（b）大众高尔夫、速腾霍尔传感器安装位置

图 463　凸轮轴霍尔传感器安装位置

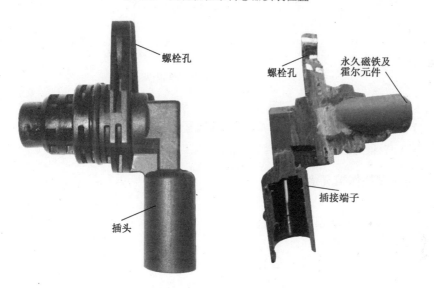

图 464　霍尔传感器结构

1）检测霍尔传感器的供电电压

（1）关闭点火开关。

（2）拔下霍尔传感器的 3 芯插头。

（3）打开点火开关，用万用表的电压挡测量 3 芯插头的 T3b/1 与 T3b/3 两孔之间的电压约为 5V。端子 T3b/3 为传感器搭铁，端子 T3b/2 为传感器信号线。怠速测量端子 T3b/2 与 T3b/3 之间的电压为 2.2～2.5V。

2）检测霍尔传感器的线束导通性

（1）关闭点火开关。

（2）拔下控制单元 J623 的连接插头。

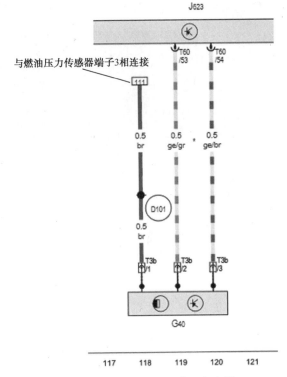

图 465　凸轮轴霍尔传感器电路图

（3）拔下霍尔传感器的 3 芯插头。

（4）测量 3 芯插头上 T3b/2 端子与控制单元端子之间应导通。

（5）测量 3 芯插头上 T3b/3 端子与发动机控制单元线束之间应导通。

3）霍尔传感器工作情况检测

（1）关闭点火开关。

（2）拔下燃油泵 G6 的熔断丝。

（3）释放燃油系统的压力。

（4）将二极管试灯连接到传感器 T3b/2 与 T3b/3 之间。

（5）短暂启动发动机，二极管试灯应有规律地闪烁。

凸轮轴位置传感器的标准波形如图 466 所示，其常见故障码如表 9 所示。

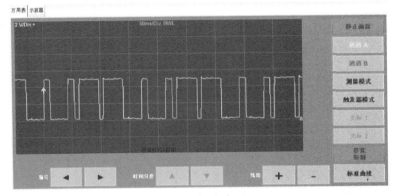

图 466　标准波形

表9 常见故障码

传感器名称	代　号	针脚号	故障类型	故障代码	故　障
霍尔传感器	G40	正极	正极断路	P034000	凸轮轴位置传感器，功能失效
		T60/54	接地断路	P034000	凸轮轴位置传感器，功能失效
		T60/53	信号断路	P034000	凸轮轴位置传感器，功能失效
		T60/53	信号短地	P034000	凸轮轴位置传感器，功能失效

例如，发动机无法启动故障。

新款大众在启动发动机时明显感觉启动无力，启动运转缓慢，重新换上新的蓄电池再次启动仍然无力，无法启动。

断开燃油保险丝 S53，拆下火花塞按在缸体上搭铁，目测各缸火花塞跳火很强。用专用工具拆下喷油器，30s 喷油量在 85～105mL 之间符合原厂标准值。接着测各缸缸压在 1000kPa 左右，各缸缸压接近正常范围。

发动机控制系统可分为以下四个方面：①无油无火（控制单元无法进入或无转速信号等）；②有油无火；③无油无火；④有油有火（汽缸压力、正时）。

重新梳理维修思路，联想到以前碰到过曲轴信号偏差无法启动案例，那这辆车的曲轴和凸轮信号会不会出现偏差呢？为了验证，连接好 VAS6150B 测量曲轴和凸轮轴的波形，在启动发动机时得到的波形如图 467 所示。

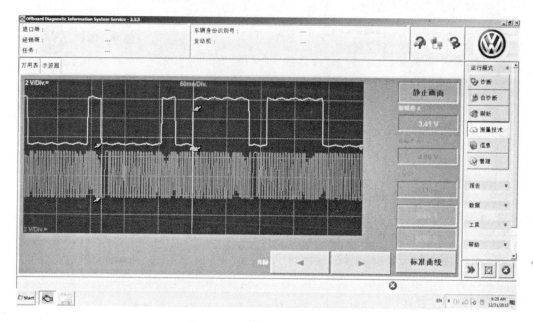

图 467　曲轴和凸轮轴波形

图中绿色为曲轴波形，黄色为凸轮轴波形。凸轮轴波形一个周期内以两宽两窄的形式出现。曲轴信号轮共 58 齿，第一个宽波出现在 34 齿，如图 468 所示。波形规则完好，无其他异常情况，说明凸轮轴位置传感器及曲轴位置传感器都正常工作，没有线路和传感器本身故障原因。曲轴和凸轮轴相对位置是否正确呢？找来一辆正常车，读取滤形，如图 469 所示。

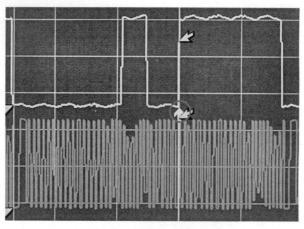

图 468　第一个宽波位置

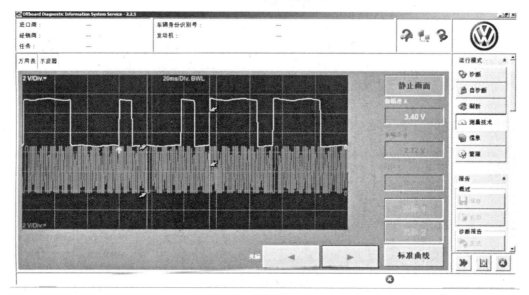

图 469　正常车辆波形

　　通过正常车辆和故障车辆的波形比较可以清楚地看到，凸轮轴第一个宽波出现在曲轴波形中部第 27 齿位置，如图 470 所示。故障车辆与正常车辆不相吻合，问题似乎已经有点眉目了。故障车辆第一个宽波出现在第 34 齿，与正常波形相比差了 7 个齿，这样会导致车辆无法启动。从简单入手，先检查凸轮轴信号轮。经检查发现凸轮轴信号轮位置存在偏差，所以故障点位置定为凸轮轴信号轮，位置偏移如图 471 所示（右侧为正常车辆一缸工作时凸轮轴靶轮位置，右侧为故障车靶轮位置）。

　　经过检查与分析，可以确定故障点是凸轮轴信号靶轮发生位移，如图 471 所示。而该车凸轮轴与气门室盖是不可分离的总成，决定更换气门室盖。更换完气门室后，经反复试车一切正常，至此故障彻底排除。

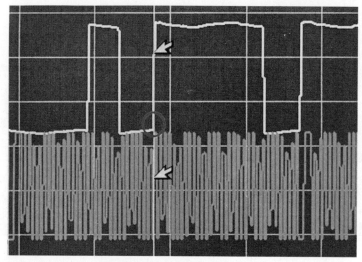

图 470　第一个宽波位置 27 齿

图 471　凸轮轴靶轮

118　宽量程氧传感器结构

这种宽带氧传感器安装在发动机附近的催化转换器前。

宽带氧传感器可在较大范围内测量废气中的氧气浓度。因此可计算出燃烧室内的空燃比。

宽带氧传感器不仅能在 $\lambda=1$，而且能在 $\lambda<1$（浓）和 $\lambda>1$（稀）的情况下准确测量。从 $\lambda=0.7$ 至 $\lambda=\infty$（$\lambda\infty=$ 空气），宽带氧传感器提供清晰、恒定的电信号。

氧传感器通过 5 根导线与插头壳体连接在一起。以下插头接入插头壳体内：泵电流正极、泵电流和 Nernst 电压负极、负极、正极、Nernst 电压正极。

在氧传感器插头内集成有一个用于补偿制造公差的补偿电阻器，该电阻器与自由触点相连。

宽带氧传感器的测量室由一种二氧化锆陶瓷 ZrO_2 材料制成。该测量室由一个 Nernst 浓差电池（执行阶跃特性曲线式氧传感器功能的传感器室）和一个输送氧离子的氧气泵室构成，如图 472 所示。

氧气泵室（氧气泵室的内部电极、由 ZrO_2 制成的陶瓷层和氧气泵室的外部电极）与 Nernst 浓差电池（基准室的内部电极、由 ZrO_2 制成的陶瓷层和基准室的外部电极）之间留有一个 10～50mm 的扩散间隙。扩散间隙通过一个多孔式扩散区与废气相通。Nernst 浓差电池一侧通过基准空气通道和开口与周围大气相通，在另一侧通过扩散间隙与废气相通。

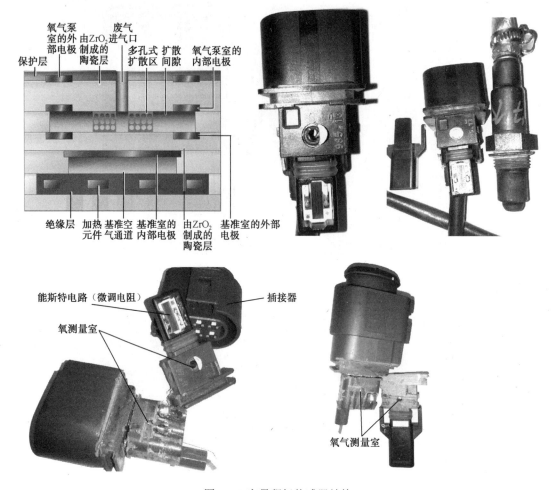

图 472　宽量程氧传感器结构

　　废气通过废气进气口进入 Nernst 浓差电池的扩散间隙，这样首先使扩散间隙内的氧气浓度与废气中的氧气浓度相同。为了能够使扩散间隙内达到 $\lambda=1$，Nernst 浓差电池将扩散间隙内的废气与基准空气通道内的环境空气进行比较。

　　注：务必要确保连接氧传感器的导线插口没有污物，从而使环境空气能够进入基准空气通道内。因此必须确保插接连接件没有污物（清洗剂、防腐剂等）。

　　通过向氧气泵室外部电极和氧气泵室内部电极施加泵电压，可通过多孔式扩散区从废气向扩散间隙内泵入氧气或从中泵出氧气。发动机控制单元内的一个分析电路通过 Nernst 浓差电池对施加在泵室上的电压进行调节，从而使扩散间隙内的气体成分始终保持在 $\lambda=1$。稀混合气燃烧产生废气时，氧气泵室从扩散间隙向外泵出氧离子，如图 473 所示。

　　相反，浓混合气燃烧产生废气时，通过在泵室外部电极处对 CO_2 和 H_2O 进行催化分解，从周围废气中向扩散间隙内泵入氧离子，如图 474 所示。$\lambda=1$ 时无须输送氧离子，泵电流为零。泵电流与废气中的氧离子浓度成正比，因此是空燃比的衡量标准，如图 475 所示。

　　图 476 所示为泵电流特性，说明了泵电流与空燃比 λ 之间的关系。

　　二氧化锆泵电池（氧气单元泵）。如果 ZrO_2 元件两端的氧气浓度不均，就会导致 ZrO_2 两端产生微小电压，反过来，当在 ZrO_2 元件两端施加电压时，就会使氧气扩散。在宽量程氧传感器中，泵单元将尾气中的氧气通过扩散栅渗透到电源负极，在负极氧气分子得到 4 个电子变成氧离子，氧离子在电离作用下在 ZrO_2 电解质中运动到正极，在正极中和掉 4 个电子，又还原成氧气，这就是泵单元的泵氧原理。

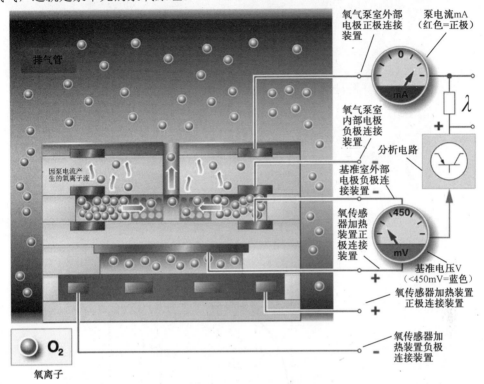

图 473　稀混合气情况下的宽带氧传感器

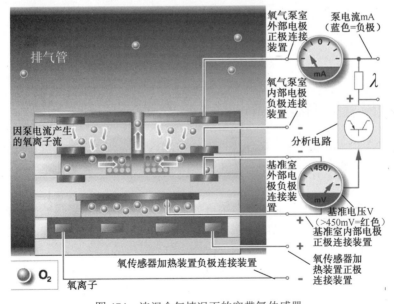

图 474　浓混合气情况下的宽带氧传感器

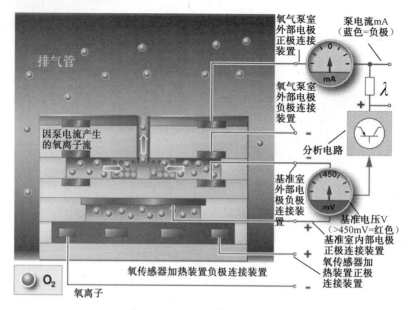

图 475　λ=1 时的宽带氧传感器

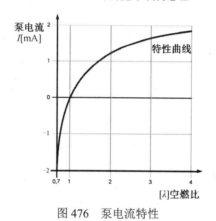

图 476　泵电流特性

119　全量程氧传感器检测

（1）尾气中的氧气和氧气泵产生的氧气汇集于测量室，二氧化锆式氧传感器在此测量二者浓度之和与外部空气的浓差，并产生与普通窄范围浓度差电压型二氧化锆式氧传感器一样的用于分辨氧浓度的电压值。

（2）加热线圈是配合上述普通窄范围浓度差电压型二氧化锆式氧传感器快速进入工作温度的加热装置，但又稍有差别：宽带氧传感器的加热速度远比普通氧传感器快，这使得发动机从开环到闭环的时间缩短。

（3）信号电压。宽带氧传感器输出的信号电压是利用氧浓度差电池的直流通道信息，经过比较、计算输出的泵电压，经过 61.9Ω 电阻测量转换成泵电流，再经过信号处理、标定而形成的。因此，利用万用表在宽带氧传感器的 5 个端子上直接测量宽带氧传感器的输出电压是不可能实现的，必须通过诊断仪读取数据流（选择车型，进入发动机电控系统 01，选择读取数据流 08，选择组号 33，以下简称 01-08-33）。

氧传感器 G39/G130 数据流及端子检测如下。

1）检查氧传感器 G39

（1）冷却液温度不低于 80℃，排气系统无泄漏。

（2）进入发动机系统，01-08-30。

030 组：

```
Read measuring value block 30
        111              110
```

第一区规定值：111。第一区为前氧传感器，规定值为 111。第 1 位：λ加热器已接通为 1；第 2 位：λ调节已准备好为 1；第 3 位：λ调节有效，λ调节正常工作状态为 1，调节有效。这 3 位数的第一位在 0 和 1 之间来回变动表示前传感器加热器为频率调节状态，3 位数的第三位在部分负荷及废气温度较高时被置为 1。

第二区为后氧传感器，λ状态为 110，前两位与前氧传感器相同，后氧传感器用于检测三元催化器的效率，不用于调节混合气浓度，所以第三位为 0。

（3）如果达到规定值，进入 32 组，检查第一区和第二区。

032 组：

```
Read measuring value block 32
 -10.0% ~ 10.0%          -10.0% ~ 10.0%
```

第一区规定值：-10.0%～10.0%（怠速时的自学习值）。

第二区规定值：-10.0%～10.0%（部分负荷时的自学习值），超过-10.0%～10.0%表示偏离很大，最大值为-25%～25%。

（4）如果达到规定值，进入 33 组，检查第一区和第二区。

033 组：

```
Read measuring value block 33
 -10.0% ~ 10.0%          1.0 ~ 2.0 V
```

第一区：催化转换器前λ调节器-10%～10%，并以至少 2%的幅度在 0 左右波动。

第二区：前λ电压值为 1.0～2.0V，1.0～1.5V 为混合气过浓，1.5～2.0V 为混合气过稀。第二区若恒定为 1.5V 则断路，恒定为 4.9V 对正极短路，恒定为 0V 对地短路。电压应以 20 次/min 的幅度波动（因正常氧传感器周期为 2.5～3.0s）。

如果未达到规定值，检查线路端子 T6w/1 与 T6w/6 之间电压为 0.4～0.5V；端子 T6w/3 与 T6w/4 加热器电阻约为 5.2Ω，单元泵端子 T6w/2 与 T6w/6 端子阻值约为 116.2Ω；T6w/4 与搭铁之间电压约为蓄电池电压；检查端子 T6w/1 与搭铁电压约为 5V；检查端子 T6w/1 与 T94/78、T6w/2 与 T94/79、T94/57 与 T6w/6、T6w/3 与 T94/7 是否断路。

2）检查氧传感器 G130

（1）检查条件：冷却液温度不低于 80℃，排气系统无泄漏。

（2）进入发动机系统，08-30；第二区，规定值：110。

（3）3 位数的头一位在 0 和 1 之间来回变动（λ传感器加热器关和开）。

（4）3位数的第三位在部分负荷及废气温度较高时被置为1。

（5）如果达到规定值，进入显示组36，检查后氧传感器电压（显示区1）。

036组：

```
Read measuring value block 36
        0. 0 ~ 1. 0            B1 ~ S2 OK
```

第一区规定值：0.5～0.8V（可稍微波动），若为恒定值：0.4～0.5V断路，10.5V对正极短路，0V对地短路。

第二区规定值：B1-S2 OK。显示区2变为B1-S2 OK，可能需要几分钟的时间。如果显示B1-S2 OK，清除λ传感器上的沉积物，再次检查。

如果未达到规定值,检查线路端子T4v/2与T4v/1端子间阻值为6.4～47.5Ω;T4v/3与T4v/4端子间电压为0.4～0.5V;检查端子T4v/3与T94/34、端子T4v/4与T94/62是否断路。

新款高尔夫电路图如图477所示。

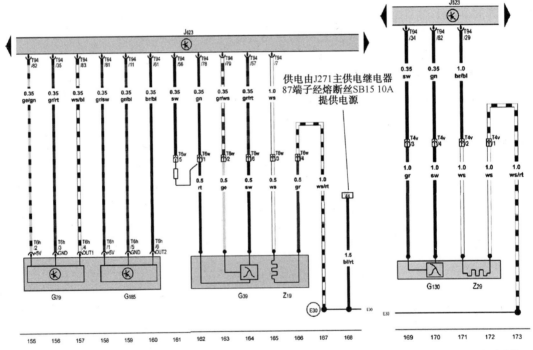

G39—氧传感器；G130—尾气催化净化器下游的氧传感器；J623—发动机控制单元，排水槽内中部；T4no—4芯插头连接；

T6w—6芯插头连接；T94—94芯插头连接；Z19—氧传感器加热；Z29—尾气催化净化器后的氧传感器1加热装置；

D189—连接（87a），在发动机预接线导线束中

图477　新款高尔夫电路图

检查线路：关闭点火开关，拔下前氧传感器的插头，点火开关置于ON位，在线束侧插头测量各端子的电压值。打开点火开关，用万用表在线束侧插头测量宽带氧传感器各端子静态电压值，能有效检查传感器至控制器的线路及控制器自身存在的故障点。

外观颜色检查：宽带氧传感器性能的检查分为三种情况，一是检测氧传感器电阻，二是测量氧传感器电压输出信号，三是观察氧传感器外观颜色。

通过观察氧传感器顶部的颜色，可以判断故障的原因。氧传感器顶部的正常颜色为淡灰色，如果发现氧传感器顶部颜色发生变化，则预示着氧传感器存在故障或故障隐患。氧传感器顶部呈黑色，是由于积炭污染造成的，可拆下氧传感器后清除其上的积炭。氧传感器顶部呈红棕色，说明氧传感器受铅污染，此时甚至不起净化作用。如果氧传感器顶部呈白色，说明是硅污染造成的，原因是发动机在维修时使用了不符合要求的硅密封胶，此时必须更换氧传感器。

全量程氧传感器输出电压不能用万用表直接测量，而应通过专用解码器读取数据流。发动机控制单元将全量程氧传感器的电流信号转化为电压值显示出来，其规定电压值为 1.0～2.0V，发动机运转时全量程氧传感器的输出电压应在 1.0～2.0V 之间波动。电压值大于 1.5V 时表示混合气过稀，电压值小于 1.5V 时表示混合气过浓。当电压值为 0V、1.5V、4.9V 的恒定值时，表明氧传感器本身或其线路有故障。

120　爆震传感器

为了避免因爆震损坏发动机，人们通过在发动机上装上爆震传感器来检测有无爆震现象的产生，并将检测的信号输入 ECU，ECU 根据爆震传感器的反馈信号来调整点火提前角，从而使点火提前角保持最佳位置，改善发动机的工作性能。点火时间过早是产生爆震的重要原因，采用点火时刻闭环控制可以防止这种现象的发生。点火时刻的闭环控制是采用爆震传感器（Delonation Sensor，缩写为 DS）检测发动机是否发生爆震作为反馈信号，从而决定点火时刻是提前还是推迟。所以爆震传感器是点火时刻闭环控制系统必不可少的重要部件。

大众 CC 设有两个爆震传感器。爆震传感器 1（G61，白色插头）安装在缸体进气管侧 1、2 缸之间，用于检测 1、2 缸的爆震情况；爆震传感器 2（G66，蓝色插头）安装在缸体进气管侧 3、4 缸之间，用于检测 3、4 缸的爆震情况。

大众 CC 爆震传感器是根据压电原理制成的，传感器由压电陶瓷（压电元件）、惯性配重、壳体、导线等组成，结构及安装位置如图 478 所示，传感器电路图如图 479 所示。

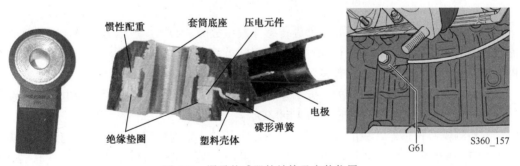

图 478　爆震传感器的结构及安装位置

传感器的检测方法如下。

（1）爆震传感器的随车检查。在进行爆震传感器的检查时，可轻轻敲击该爆震传感器附近的缸体，发动机的转速应随之下降。

（2）用正时灯观察点火提前角的变化。轻轻敲击该爆震传感器附近的缸体，此时点火提前角应该突然向后推迟，然后又向前提前，此现象即说明爆震传感器在起作用，爆震传感器及其线路基本没有问题。反之，说明爆震传感器或线路出现故障。

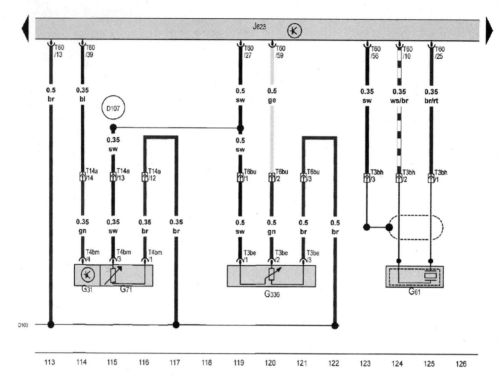

G31—增压压力传感器；G61—爆震传感器1；G71—进气管压力传感器；G336—进气管风门电位计；

J623—发动机控制单元，排水槽内部；T3be—3芯插头连接；T3bh—3芯插头连接；T4bm—4芯插头连接；

T6bu—6芯插头连接，汽缸盖附近；T14a—14芯插头连接，发动机舱内左侧；T60—60芯插头连接；

D103—连接3，在发动机舱导线束中；D107—连接5，在发动机舱导线束中；

ws—白色；sw—黑色；rt—红色；br—褐色；gn—绿色；bl—蓝色；gr—灰色；li—淡紫色；

vi—淡紫色；ge—黄色；or—橘黄色；rs—粉红色

图479 传感器电路图

（3）在发动机工作过程中，如果爆震传感器发生故障，监测爆震信号中断，电脑就会将点火提前角推迟一定角度，汽车在行驶过程中，驾驶员就会明显感觉到发动机动力不足，这时发动机电控系统会诊断到故障，并使故障指示灯点亮。

（4）电阻检查。关闭点火开关，拔下爆震传感器的3芯插头，用万用表的电阻挡分别测量3芯插头各端子之间的电阻值，应约为4.88MΩ。

（5）检测爆震传感器线束的导通性。关闭点火开关，分别拔下爆震传感器的3芯插头，然后拔下ECU J623控制单元插头。用万用表的电阻挡分别测量爆震传感器3芯插座1、2、3号端子与ECU J623控制单元的T60/10、T60/25及T60/56之间的电阻值，均应小于0.5Ω。如果电阻值过大或为无穷大，则线束与端子可能接触不良或存在断路，应及时排除。

（6）用专用诊断仪VAS6150B，通过诊断插座读取有关故障的信息：00524-G61传感器对地开路或短路，或者00540-G66传感器对地开路或短路。

（7）检测爆震传感器的输出信号。检测爆震传感器的输出信号时，应先关闭点火开关，拔下传感器的连接器插头，再打开点火开关，启动发动机使之怠速运转，用示波器或万用表电压挡检测传感器的两个接线端子T3bh/1、T3bh/2与搭铁电压约为1.698V，否则，应更换爆震传感器。

（8）敲击缸体时（人工模拟）电压大于 0.5V；发动机正常怠速时电压小于 0.6V；启动时电压大于 0.8V；发生爆震时电压大于 1.2V。

（9）爆震传感器安装注意事项。为了避免爆震传感器误传输爆震信号，必须保证爆震传感器固定螺栓的拧紧力矩准确无误。在安装爆震传感器时若紧固扭矩过大，爆震传感器感知汽缸爆震信号电压太低，从而出现点火过早现象；若紧固扭矩过小，爆震传感器会感知汽缸爆震信号电压太高，出现点火过迟现象。

121　加速踏板

大众加速踏板位置传感器 G79 和 G185 的结构如图 480 所示。

1）霍尔式加速踏板的优点

浮动传感器无摩擦，寿命长，整体式传感器不需要进行强制低速挡基本设定。当未进行加速时，薄金属盘位于传感器的最初位置，此时传感器内相对运动，传感器信号电压最低。当踩下加速踏板时，在踏板机构元件的作用下，薄金属盘发生移动，切割磁场，传感器产生较大电压，移动位置越大，感应出的电压越高。其结构如图 480 所示。

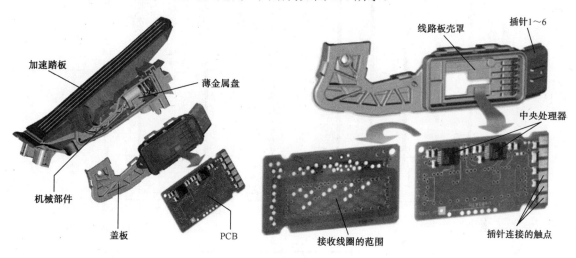

图 480　加速踏板结构

2）霍尔式加速踏板失效影响

（1）一个或两个都失效后，系统会有故障记忆，同时仪表上的 EPC 故障警报灯也会亮起。车辆的一些便捷功能，如定速巡航或发动机制动辅助控制功能也将会失效。

（2）一个传感器信号失真或中断，如果另一个传感器处于怠速位置，则发动机进入怠速工况；如果是负荷工况，则发动机转速上升缓慢。

（3）若两个传感器同时出现故障，则发动机高怠速（1500r/min）/怠速运转。

与电子节气门踏板连接的线有 6 根，分别为两个霍尔传感器 G185 和 G79 信号，连接至发动机控制单元。检查时，将 VAS6150B 连接到诊断座上，启动发动机，进入发动机电控系统，选择功能"读测量数据块"。慢慢将加速踏板踩到底，同时注意显示区 3 和 4 的百分比值，应均匀升高，并且显示区 3 中的显示值总应是显示区 4 的 2 倍。如果显示值没有达到此要求，则继续进行下一步检查。拆下驾驶员侧杂物箱，拔下加速踏板位置传感器插头，打开点火开关，测量插头端子 T6h/1 和 T6h/5 之间电压值约为 5V，T6h/2 和 T6h/3 之间电压值约为 5V。

怠速，在线检测油门踏板位置传感器对应 J623 发动机 ECU 端子的电压电路如图 481 所示。端子电压如表 10 所示。

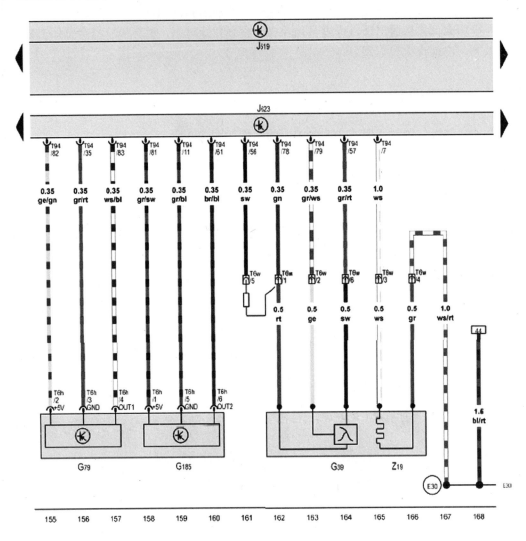

G39—氧传感器；G79、G185—加速踏板位置传感器；J519—车载电网控制器；

J623—发动机控制单元，排水槽内中部；T6h—6 芯插头连接；T6w—6 芯插头连接，发动机舱内后部；

T94—94 芯插头连接；Z19—氧传感器加热；E30—连接（87a），在发动机导线束中

图 481　加速踏板电路图

表 10　加速踏板位置传感器各端子电压

测试端子	T94/81	T94/82	T94/35	T94/83	T94/11	T94/61
正常值	4.99V	4.98V	0V	0.76V	0V	0.38V
测量值	4.99V	4.98V	0V	0.74V	0V	0.39V